> # Berti Vogts

ULFERT SCHRÖDER

BERTI VOGTS

COPRESS-VERLAG

Schutzumschlag: Manfred Neußl
Fotos von: dpa, FMS, Ludwig Gayer, Ferdi Hartung,
Horst Müller, Nordbild, Heinz Pfeil, Schirner, Sven Simon, Werek.

Copyright by Copress-Verlag
Münchner Buchgewerbehaus GmbH
Schellingstraße 39–43, 8000 München 40

Alle Rechte vorbehalten
Wiedergabe nur mit ausdrücklicher Genehmigung des Verlages
Herstellung: Münchner Buchgewerbehaus GmbH

ISB-Nummer 3-7679-0007/6

Menschen am Niederrhein

Die Geschichte des Muhammad Ali zu schreiben ist gewiß eine kurzweilige Sache. Und Pelé gibt auch eine Menge her. Oder Ferenc Puskas. Allesamt haben sie einen Sack voll Abenteuer auf dem Buckel, und ich leugne nicht, daß ich mich an jeden von ihnen mit mehr Tatendrang herangewagt hätte als an Berti Vogts.

Bis ich anfing, in das Leben dieses Berti Vogts einzudringen. Da nämlich stellte sich heraus, daß die Karriere des Hans Hubert Vogts nicht weniger sensationell und abenteuerlich gewesen ist als die von Pelé oder Ferenc Puskas. Abenteuerlich und märchenhaft, beides freilich auf andere als die landläufige Weise.

Denn abenteuerlich und märchenhaft und mittlerweile nicht mehr alltäglich sind doch gewiß auch jene Geschichten, die vom Stift im Büro erzählen, der jahrelang fleißig, klug und gerissen, aber nicht minder verbissen seine Arbeit tut, bis er endlich auf dem Stuhl des großen Managers sitzt. Schuhputzer-Karriere heißt das, Traumkarriere. Aber keiner soll glauben, daß da gebratene Tauben durch die Gegend fliegen, man müsse nur sein Maul rechtzeitig aufsperren. Es muß einer elend schuften, mit den Händen und mit dem Hirn, bis er endlich oben ist. Und wenn er dabei Freunde findet, kann er von Glück reden.

Schuften, sich nicht unterkriegen lassen, eine Faust in der Tasche machen, auf die Zähne beißen, aber im richtigen Augenblick zuschlagen – wer das kann, der kann

Fußball-Profi werden. Berti Vogts konnte es. Das heißt, Berti Vogts hat es frühzeitig gelernt. Tag um Tag, Woche umd Woche, Monat um Monat hat er immer ein bißchen mehr Mühe, ein bißchen mehr Fleiß und ein bißchen mehr Erfahrung aufeinandergelegt wie ein Sparer. Und ohne es zu merken, war er plötzlich reich, womit ich gar nicht das Geld meine. Nein, ich meine, plötzlich hatten die Menschen diesen lieben, kleinen, blonden und so treuherzig dreinschauenden Kerl in ihr Herz geschlossen. Berti war ein Star.

Jawohl, ein Star. Was manche Leute zwar stets bestreiten wollen. Weil Berti Vogts kein so schillernder Schmetterling im Fußball-Geschäft ist, wie beispielsweise Wolfgang Overath oder Günter Netzer oder Franz Beckenbauer es hierzulande gewesen sind. Berti Vogts hat andere Vorzüge, was wir noch sehen werden.

Viele vergleichen ihn mit einem Veilchen, das im verborgenen blüht. Das scheint auf den ersten Blick ein treffender Vergleich zu sein. Aber auch nur auf den ersten Blick. Ich möchte sagen, daß er eher einem Edelweiß gleicht: Man muß lange klettern, bis man seiner habhaft wird.

Ein Veilchen oder ein Edelweiß, das war er jedenfalls damals, in der ersten Hälfte seiner Karriere, als er bei den Borussen unter Hennes Weisweiler seine Gesellenjahre gemacht und zweimal die deutsche Meisterschaft gewonnen hatte. Als er Günter Netzer anhimmelte und zu zittern anfing, wenn ihn Hennes Weisweiler scharf anguckte, als er sein Glück immer noch nicht so recht glauben wollte.

„Ich habe gedacht, ein paar Bundesligaspiele würde ich bei den Borussen mitmachen und dann würde ich wieder in der Versenkung verschwinden", wird er zehn Jahre später sagen, „aber dann ist doch mehr daraus geworden, und manchmal meine ich heute noch, meine Karriere, das ist wie ein Märchen gewesen."

Nun, wenn es ein Märchen war, wenn sogar Berti selber das meint, dann das Märchen vom Aschenputtel. Immerhin hatte die Fußball-Muse unseren Berti nicht geküßt. Er gehörte nicht zu den gesegneten Talenten. Was das anbetrifft, so hatte ihm niemand etwas in die Wiege gelegt. Trotzdem ist er ein großer Meister seines Fachs geworden, und das ist schon eine gewaltige Sache, einigermaßen rätselhaft oder gar geheimnisvoll.

Oder wie anders soll man es erkären, wenn ein braves Bürschlein, das kein Wässerchen trüben kann und keineswegs über die Gerissenheit verfügt, die man im Profi-Geschäft besitzen muß, wenn dieses Bürschlein also in die höchsten Mastspitzen aufsteigt und nicht nur in seinem Club, sondern auch in der Nationalmannschaft eine Position gewinnt, wie sie nur wenige vor ihm besaßen und gewiß auch wenige nach ihm besitzen werden. Und wenn dieses Bürschlein vor allen Dingen eine Popularität erlangt, die im Grunde nur die Show-Männer der Branche auszeichnet.

Ich habe anfangs daran gezweifelt, daß Berti Vogts diese Popularität wirklich besitzt. Bis mir dann eines Tages ein Zeitungsausschnitt unter die Finger gekommen ist. Es wurde da berichtet, Berti Vogts habe für das betreffende Blatt den „Star an der Strippe" gemimt.

Das geht so: Die Zeitung teilt ihren Lesern mit, daß der „Star" – in diesem Falle also Vogts – von dann bis dann am Telefon sitze und auf jede Frage aus der geneigten Leserschaft Antwort gebe.

Mit Berti Vogts erlebte man nun eine gewaltige Überraschung. Einen Rekord sogar. Es glühten nämlich die Drähte. Noch nie hatten so viele Leute angerufen. Wozu man bemerken muß, daß an besagter Strippe schon recht außergewöhnliche Stars gesessen hatten, sowohl aus dem Sport wie aus der Politik und dem Schaugeschäft, was ja heute alles nicht mehr weit auseinanderliegt. Und trotzdem stellte Berti Vogts einen neuen Telefonier-Rekord auf. Das wollte schon etwas heißen.

Die Sensation indessen kam erst noch. Unter den Anrufern fiel die große Zahl der weiblichen Stimmen auf, und eine spätere Nachprüfung ergab, daß bei jedem fünften Anruf eine Frau oder ein Fräulein am anderen Ende der Strippe gesessen hatte.

Nun ist Berti Vogts zwar ein hübscher Junge, aber beileibe kein Adonis. Und zum andern war nicht anzunehmen, daß sich die Damen nur deshalb aufs Telefon gestürzt hatten, weil Berti damals, zu Beginn der siebziger Jahre, noch Junggeselle, unbeweibt und deshalb zu haben war.

Es mußte also mehr dahinterstecken, was die Popularität des Berti Vogts betraf, schon damals, als sich seine große Karriere gerade erst abzeichnete. Es gilt nämlich als gesicherte Erkenntnis der Branche, daß ein ganz außergewöhnlicher Grad an Publicity vorliegen muß, wenn unter den Anrufern eines Fußball-Stars zwanzig Prozent Frauen sind. Woraus in diesem speziellen Fall zu schließen ist, daß die Verbraucher von Star-Klatsch und Heldengeschichten sehr bald merken, was nur Image-Pflege und Staffage ist und wo ein echter, ehrlicher Kern drinsteckt.

Die Menschen haben also ein sehr feines Gefühl dafür, welche Geschichte schreibens- und damit lesenswert ist. Und vielleicht haben sie auch ein Gespür dafür, daß die Story des Berti Vogts weniger eine Geschichte vom Geld oder anderen leidigen Dingen als vielmehr eine Geschichte über Menschen ist.

Menschen, die überaus alltäglich, aber doch auf irgendeine Weise außergewöhnlich sind. Menschen halt wie Berti Vogts. Und eine Geschichte über die Landschaft und das Dorf, in denen dieser Berti Vogts aufgewachsen ist. Das Dorf Büttgen und die weite Ebene des linken Niederrheins, übersichtlich, mit geraden Linien, gezogen wie saubere Scheitel auf Knabenköpfen, mit geraden und leuchtend gekalkten Kirchtürmen. Das Dorf Büttgen mit seinem beinahe unbegreiflichen Drang nach Sauberkeit und Wachstum und Fortschritt.

Lauter Dinge, die das Leben des Berti Vogts beeinflußt haben und ihn formten und die nicht zuletzt dazu beitrugen, daß ihm nie der Gedanke kam, den geraden Weg zu verlassen und ein paar Haken zu schlagen, um dem Leben und seinen Gefahren eine Nase zu drehen.

Nehmen wir zum Beispiel den folgenden Abend, und damit springen wir mitten hinein in das Leben des Berti Vogts. Es ist schon nach zehn, und in den Diskotheken der Düsseldorfer Altstadt fangen die Platten-Jockeys an, immer schneller zu schwadronieren. Die Kellner in den Freß-Kneipen fallen in gestreckten Galopp. Grills und Pizzaöfen glühen. Altbier und junge Mädchen, schwere Jungs, Twens und Touristen, Schaschlik vom Grill, Spaghetti, Hasch, heiße Höschen und halbe Hähnchen, Zigeuner-Kapelle, Straßen-Musikanten und wilder Beat.

Im verrücktesten Quadratkilometer Deutschlands beginnt eine neue Nacht. (Auch darum ist es am Rhein so schön.) Düsseldorf, das ist die Hauptstadt des Landes, in dem Berti Vogts aufgewachsen ist.

Auf der anderen Seite des Flusses, wo die Äcker in aussichtslosem Kampf gegen Reihenhäuser und Bungalows liegen, wo die Bauern auf dem Rückzug und die Beamten auf dem Vormarsch sind, rasseln die Rolläden 'runter. Tagesschau und „damit ist das Programm des deutschen Fernsehens für heute beendet. Hinweise auf das Programm von morgen . . ." und so weiter.

Die letzte Kugel auf der Kegelbahn, die letzte Partie Billard in der Kneipe, der letzte Grand Hand. Der brave Mann geht schlafen. Auch Berti Vogts.

Fast halb elf, da geht bei ihm, bei Fußballspieler Vogts, die Türklingel. Sudermannstraße 20 in 4046 Büttgen, Kreis Neuß-Grevenbroich, acht Kilometer westlich von Neuß und fünfzehn westlich der Düsseldorfer Altstadt. Zweifamilien-Reiheneckhaus mit Garage und Rasen und Zaun drumherum. Da wohnte Berti Vogts damals. Eigener Boden, eigenes Haus, das erste. Unten wohnte Berti, oben Bruder Heinz-Dieter mit Frau Josephine und Töchterchen Monika. Die Vogts-Brüder unter einem Dach, wie in ihren Kindertagen. Schwägerin Josy versorgte Berti, nicht selten stand morgens das Frühstück am Bett, sie hielt seine Wohnung in Ordnung, sah nach dem Rechten. Jahraus, jahrein, bis Berti endlich das Mädchen fand, von dem er immer geträumt hatte. Doch davon wird später noch zu reden sein. Kehren wir also zurück zu diesem Abend in Büttgen.

Es geht also die Türklingel, und Berti Vogts dreht am Fernsehapparat den Ton ab. Draußen steht eine junge Dame.

„Guten Abend. Ich möchte zu Herrn Berti Vogts. Bin ich da richtig?"

„Ja", sagt Vogts, „Sie sind richtig, und Berti Vogts bin ich."

„Darf ich reinkommen?" sagt das Mädchen.

Sechzehn oder siebzehn Jahre alt. Ein Teenager, wie Berti beim zweiten Blick feststellt, und ein hübscher.

„Bitte", sagt er und läßt eintreten.

Die Sache kommt ihm nicht ganz geheuer vor. Eine Verehrerin so spät am Abend? Und von auswärts, wie er an der Aussprache feststellt. Irgend etwas ist faul an der Geschichte.

Deshalb ruft er gleich den Bruder herunter, und die Schwägerin kommt mit. Man nimmt Platz und unterhält sich. Die junge Dame ist von München heraufgetrampt. Zu ihrem Schwarm, zu Berti. Ein Autogramm, bitte schön. Und sehen, so von Angesicht zu Angesicht, wollte sie ihn. Davon hatte sie geträumt. Offiziers-Töchterlein ist sie. Wohlbehütet im allgemeinen. Jetzt ist sie ausgerissen. Berti Vogts, der ja bekanntlich Verteidiger ist, schaltet auf Defensive. Er gibt der Schwägerin einen Wink, und die verschwindet. Wohin? Ans Telefon natürlich.

Die Polizei kommt schnell, und bald stellt sich heraus, daß die Eltern der jungen Dame schon eine Suchanzeige aufgegeben haben. Sie wird also von Amts wegen in Richtung Heimat in Marsch gesetzt.

Und Berti Vogts hat seine abendliche Ruhe wieder.

Keinen Augenblick denkt er daran, daß er an der Schwelle eines gewiß nicht ungefährlichen Abenteuers gestanden hat. Andere nennen solche Fälle „die Gefahren des Lebens". Für Berti Vogts gibt es das nicht. Denn Versuchungen hat er zu allen Zeiten widerstanden.

Er hat sie oft erlebt, diese Gefahren. Er hat ihnen ins Auge geschaut, und auf diese Weise wurden sie Vertraute, Berti und die Versuchungen. Sie können einander nichts mehr anhaben. Da, wo andere schwach werden, hat Berti Vogts eine Hornhaut.

Wie einer solche Standhaftigkeit durchhalten kann, vor allem aber, auf welchen Grundlagen seines Charakters er sie aufgebaut hat, das herauszufinden ist doch gewiß ein lohnendes Unternehmen. Und deshalb bin ich in das Leben des Berti Vogts eingedrungen und habe versucht, hier und dort das Innere nach außen zu kehren.

Nun soll mir keiner sagen, einer mit zwanzig, fünfundzwanzig und dreißig, in seinen frühen und späten Twen-Jahren also, sei wohl, was seine Reife anlange, erst ein „halber Mensch" und somit nicht geeignet, Wertmaßstab und Beispiel zu sein.

Da könnte ich nämlich entgegnen, daß einem Profi-Athleten eine Menge Probleme aufgegeben werden, daß er Schwierigkeiten zu meistern hat wie manch anderer sein Leben lang nicht. Und weiter, daß einem Profi-Athleten, will er zum einen erfolgreich und zum anderen stets makellos bleiben, viel Härte und vor allem ein unerschütterliches inneres Gleichgewicht abverlangt werden.

Berufssportler, und da vor allem die Füßballspieler, erleben die Fährnisse des Lebens in überaus gedrängter Form, und deshalb gehört auch Berti Vogts zu den wenigen Menschen-Typen, die als Anschauungsmaterial und sozusagen als lebende Gebrauchsanweisung für den Alltag dienen können.

Denn es war ja auch ihr Alltag, der sie geformt hat. Der Alltag und die Menschen dieses Alltags. Menschen, an denen sie sich rieben oder an die sie sich schmiegten. Menschen, die sie bewunderten oder die sie geringschätzten.

Und weil im Grunde jeder von sich selbst am wenigsten weiß, gibt es eigentlich nur zwei Wege, in das Leben eines Menschen einzudringen. Da sind erstens seine Handlungen und zweitens die Menschen, die ihn umgeben und mit denen er lebt. Bei Berti Vogts sind es, was keineswegs überraschen kann, nicht viele.

Da waren seine Eltern. Er verlor sie, als er um die dreizehn war. Der Vater, ein Schuhmacher mit jener Begeisterung für den Fußball und seinen Dorfverein, die man in dieser Form nur in kleinen Orten erlebt und die nichts gemein hat mit dem Fanatismus des Stadionvolkes in den Großstädten. Und da war die Mutter Hedwig, ängstlich besorgt um ihren Jüngsten, um Berti, weil der halt ein wenig klein und mickrig geraten war und sich deshalb beim Spielen und Toben nicht so anstrengen sollte.

Und da ist die Tante Maria, die für Berti viel mehr als eine Tante war, die im Grunde sogar seine richtige Mutter wurde. Das mag ihr leichtgefallen sein, weil sie die Schwester seiner Mutter war, und trotzdem mag sie ihren

Kummer gehabt haben. Aber wie alle Mütter will sie das jetzt nicht mehr wahrhaben. „Er hat mir nie viel Arbeit gemacht", sagt sie und: „Der Berti hat immer gewußt, was er wollte."

Tante Maria war Witwe und hinübergezogen in den Gasthof „Jan von Werth", wo Peter Laumen, auch verwitwet, der Wirt war und die Tante Maria bald den Laden schmeißen ließ, wie das eben nur eine Frau kann.

Peter Laumen, ein Jägersmann, die leibhaftige Gemütlichkeit in Person, Vereinswirt des VfR Büttgen und beinahe der zweite Vater von Berti Vogts. „Was, da staunt ihr, aus meinem Jung' ist was geworden", sagte er zu seinen Freunden, wenn sie aus Mönchengladbach heimkamen und von großen Spielen des Berti berichteten. Peter Laumen durfte sich nicht lange freuen. 1967 starb er.

Und da ist der Bruder Heinz-Dieter, von dem wir schon gehört haben. Vier Jahre älter als Berti und dem kleineren gegenüber von jener teils mitleids-, teils verständnisvollen Nachsicht, wie sie nur größere Brüder an sich haben und wie sie die kleineren oft genug zur Weißglut bringen kann.

„Der spinnt", pflegte Heinz-Dieter zu sagen, wenn Berti sich den Ball unter den Arm klemmte und verschwand, um zu trainieren. Natürlich sagt er das heute nicht mehr. Vor allem deshalb nicht, weil er selbst lange genug Fußball gespielt hat, dabei jedoch nicht über den VfR Büttgen hinausgekommen ist.

„Der Heinz-Dieter war nicht so besessen wie der Berti", sagt der Geschäftsführer des VfR Büttgen, ein Mann namens Krüppel, der anfangs mit Heinz-Dieter einer Meinung war, was Bertis „Spinnerei" anlangte, sich dann aber als einer der ersten eines anderen besann. Dieser Herr Krüppel spielt auch eine Rolle, wenn auch keineswegs eine so wichtige wie Tante Maria oder Peter

Laumen.

Und dann wäre noch der Pfarrer zu nennen, Adam von Kann. Er hatte den Berti Vogts in der Schule, beim Beichten und als Meßdiener unter seinen Fittichen; von ihm ist zu sagen, daß er den Berti früher schon mit Stolz betrachtete und daß er durch seinen vormaligen Meßdiener dem Fußball zugeführt worden ist.

„Er war ein Rauhbein früher, aber eines von der lieben Art", sagt der Pfarrer Adam von Kann, und dann sagt er noch etwas Wichtiges: „Ich freue mich für den Berti, daß etwas aus ihm geworden ist, wo er doch in einer Wirtschaft groß geworden ist."

Natürlich hat Adam von Kann nichts gegen Wirtschaften, denn er ist ein Mann von jener erdverbundenen Frömmigkeit, die man am Niederrhein oft antrifft. Aber er weiß natürlich, daß es für junge Burschen immer Gefahren mit sich bringt, mit Bier und Schnaps und fröhlichen Zechern sozusagen auf Tuchfühlung zu leben.

Das wären also die wichtigsten Personen im Leben des Berti Vogts, wenn man von den Fußballtrainern absieht, die natürlich auch ein gut Teil zum Gelingen der Karriere des Berti Vogts beigetragen haben. Der Trainer Heinz Murach zum Beispiel, den man ohne jeden Zweifel den Entdecker des Berti Vogts nennen muß, den Trainer Dettmar Cramer des weiteren und natürlich den Trainer Hennes Weisweiler, der für Berti vom ersten Tage an mehr gewesen ist als ein Trainer. Hennes war Bertis Vorbild, sein Ziehvater, sein Lehrer, Hennes trieb ihn an, tröstete ihn in schwarzen Stunden, freute sich mit ihm an frohen Tagen, und später hatte Hennes in Berti einen Vertrauten, und Berti hatte in Hennes einen väterlichen Freund.

Man muß den Tag nicht suchen, an dem Berti Vogts den Fußball entdeckte. Es gibt diesen Tag nicht, ebensowenig wie es ein genaues Datum gibt, an dem Berti Vogts für den Fußball entdeckt wurde. Beides ging allmählich vor sich und war schließlich gar nicht zu vermeiden. Bei Vater Vogts, und hier meine ich den leiblichen, den Schuhmacher, gingen nämlich die Fußballspieler des VfR Büttgen aus und ein. Vogts versorgte das Schuhzeug der Büttgener aus reiner Liebe für seinen Verein. Was nicht heißen soll, daß er gar kein Geld dafür genommen hätte. Aber als Schuhmacher wußte er, wo die Leute der Schuh drückt, und deshalb drückte er dann bei den Fußballspielern ein Auge zu.

Was Fußballschuhe sind und was man damit macht (von den Bällen, die der Vater damals auch reparierte, weil man sie noch nicht wie heute in jedem Laden kaufen konnte, von den Bällen also ganz abgesehen), hat der Sohn Hans Hubert somit schon als Kind erfahren, und weil dem Vater die Sache so wichtig war, war sie es dem Sohn auch.

In Geschichten über Fußballspieler ist es immer ein sehr wichtiger Punkt, wer dem nachmaligen Star die ersten Schuhe geschenkt hat. Eine verständnisvolle Patentante oder die Mutter oder ein Freund oder der Manager, der schon beim Zehnjährigen erkannte, was einmal aus ihm werden würde.

Meistens ist das gar nicht so wichtig. Denn ich kenne keinen Jungen, der seine Fußball-Leidenschaft vom Besitz des Schuhzeugs abhängig gemacht hätte. Eusebio zum Beispiel hat mit bloßen Füßen angefangen, und als er denn schließlich Schuhe bekam, konnte ihm niemand mehr etwas beibringen. Und oft genug ist aus einem Jungen nichts geworden, weil er das Beste, was es an Schuhen gibt, unter dem Weihnachtsbaum vorfand und somit den Wert dieses Besitzes, den andere als nachgerade unschätzbar empfinden, gar nicht zu würdigen wußte.

Mit den ersten Schuhen des Berti Vogts hat es jedoch seine besondere Bewandtnis. Ich habe darüber die Tante Maria befragt, und die sagte mir: „Als der Berti zu mir kam, da hatte er seine ersten Fußballschuhe schon. Soviel ich weiß, hat ihm die der Vater gemacht."

Es ist also glaubhaft nachgewiesen, daß die ersten Schuhe des Berti Vogts Maßanfertigungen waren. Aus der Hand des Vaters, zurechtgeschneidert vielleicht aus grobem Leder und mit derben Nägeln, aber immerhin gemacht vom Vater für den Sohn. Und was kann es für einen Sohn Schöneres geben.

Vielleicht war dies schon die wichtigste Grundlage für das Leben des Fußballspielers Berti Vogts: Der Vater wollte einen Fußballspieler aus ihm machen, und wenn es auch damals noch keine Berufsspieler in Deutschland gab und wenn auch niemand im entferntesten daran dachte, daß man eines Tages sein Geld mit Fußball verdienen könne, so erschien dem Bürschlein Berti der Fußball schon überaus wichtig.

Denn der Vater hatte ihm ein Paar Schuhe dafür gemacht, hatte seine Zeit dafür geopfert, die er weiß Gott besser hätte anwenden können. Wenn das für Berti nicht der Beweis war, Fußball müsse etwas Schwerwiegendes sein.

Natürlich wäre es übertrieben zu behaupten, dem Leben des Berti Vogts sei damit die Richtung gegeben worden. Aber sagen wir, der Vater hat einen kleinen Anstoß gegeben. Etwa so, wie man die Flugbahn einer Rakete ein wenig verändert, wenn man einen Treibsatz nur für Bruchteile von Sekunden zündet.

Jedenfalls erinnert sich der Pfarrer von Kann, daß seinem Schüler Berti das Fußballspielen wichtiger als die Schule war. Womit er wiederum nicht sagen wollte, Berti Vogts sei ein fauler oder in seinen Leistungen unzureichender Schüler gewesen. Es war eben so, daß sich Berti für einen sauberen Schuß aufs Tor mehr begeistern konnte als für eine sauber durchgeführte und säuberlich zu Papier gebrachte Rechenaufgabe.

„Dort drüben in der Oststraße, wo er gewohnt hat, da haben sie immer gespielt", erinnert sich Tante Maria. Und sie erinnert sich an jenen schlimmen Morgen im Januar 1960, als Berti aufstehen und zur Schule gehen wollte, aber dann zu Hause bleiben durfte.

„Ich bin an sein Bett gegangen, und er war schon wach und wollte gerade herausspringen. Da habe ich ihm gesagt, Berti, du brauchst heute nicht in die Schule. Du darfst noch ein bißchen liegenbleiben, und dann habe ich ihm gesagt, daß der Vater tot ist. Natürlich hat er geweint, aber wir haben ihm geholfen, daß er schnell darüber hinwegkommt."

Es soll mir nun keiner sagen, ich wolle auf die Tränendrüsen drücken und das sei aber eine kitschige Geschichte...

Im Sommer 1959 war die Mutter gestorben. An einer Leberkrankheit. Und Berti, gerade zwölf und ein halbes Jahr alt, hatte das nicht begreifen können. Da schon nahm ihn die Tante Maria zu sich in die Wirtschaft. Ihn und seinen Bruder Heinz-Dieter.

„Natürlich, die Buben sollen kommen", hatte Peter Laumen, der Wirt, gesagt, der schließlich auch drei Kinder hatte und nun plötzlich noch zwei dazu bekam. Zwei, die zwar als brav und sittsam bekannt, aber halt doch Jungen waren und ihre Streiche machten und ihre Mukken hatten. Und gefüttert und gekleidet und versorgt und bewacht und großgezogen sein wollten.

Sechs Wochen lang hatte die Mutter im Krankenhaus gelegen, da ging es zu Ende mit ihr. Der Vater konnte das nicht verkraften, sein Herz bekam einen Knacks. Nicht lange nach der Beerdigung brachten sie ihn ins Hospital, und da lag er bis zum Januar 1960 und starb auch.

Berti Vogts war gerade dreizehn geworden, hatte schon seit drei Jahren den Mitgliedsausweis des VfR Büttgen zu Hause im Küchenschrank, sollte im nächsten Jahr aus der

Schule und in die Lehre kommen und wußte nun mit einem Male nicht mehr, wie sein Leben weitergehen sollte.

Ich will nun ein Stück vorgreifen und eine Anekdote erzählen, die für das Leben des Berti Vogts im allgemeinen typisch ist, aber auch überaus zutreffend für die Zeit, die er bei Tante Maria verbrachte.

Immerhin waren das die wichtigsten Jahre seines Lebens, jene zwischen zwölf und einundzwanzig. In der Zeit nämlich entscheidet es sich, ob einer ein braver Junge bleibt oder ein Tunichtgut wird. Es ist die Zeit, wo einer Geschmack am Bier und am Schnaps findet, oder nicht. Die Zeit, wo er die erste Zigarette raucht, das erste Mädchen zum Tanz führt. Die Zeit, wo er mit einem Motorrad und schließlich mit einem Auto liebäugelt, Kofferradios geschenkt bekommt, die ersten Schlipse, und wo man ihn schließlich, ohne nach dem Ausweis zu fragen, ins Kino läßt.

Eine verflixt wichtige Zeit also. Und vor allem für einen Jungen, der, wie Pfarrer von Kann sagte, „in einer Wirtschaft groß geworden ist". Denn dort, das liegt auf der Hand, ist ein jeder näher an den Gefahren. Die Zigaretten oder das Bier sind für ihn ebenso nahe bei der Hand wie die Frikadellen, die Soleier im Glas oder die Schokolade aus der Vitrine hinter dem Tresen.

Ich will also vorgreifen, um die Geschichte gleich in die richtigen Bahnen zu lenken.

Die Begebenheit trug sich ungefähr so im Frühjahr 1966 zu. Berti Vogts war gerade vom VfR Büttgen zu Borussia Mönchengladbach gekommen, spielte in der Bundesliga und fing an, auf sich aufmerksam zu machen.

Wie nachhaltig er das tat, ist am besten aus jener Rangliste ersichtlich, die vom „Kicker" aufgestellt wird, zwar keinen Anspruch auf Unanfechtbarkeit erheben darf, aber von den Fachleuten wohl beachtet wird. Im

Sommer 1965 nämlich war der Name Vogts in dieser Liste noch nicht zu finden. Doch ein halbes Jahr später schon liest man ihn unter jenen Spielern, die „schon in Erscheinung" getreten sind.

Daran, so könnte man sagen, schließt diese Anekdote an. Sie besitzt den Vorzug, wahr und nicht nur gut erfunden zu sein. Da sagt also ein wohlmeinender Journalist zu Berti Vogts:

„Hör mal zu, Junge. Du bekommst recht gute Kritiken in letzter Zeit. Der Trainer ist zufrieden mit dir, das Publikum auch. Man könnte meinen, du befändest dich auf dem Weg nach oben. Womöglich bekommst du bald eine Chance und wirst für höhere Aufgaben berufen. Deshalb solltest du jetzt etwas für deine Publicity tun. Ich meine, du solltest auf dich aufmerksam machen. Du solltest nicht mehr so schüchtern sein. Solltest mal an dich denken. Ein bißchen Reklame hat noch nie geschadet."

Berti Vogts wurde ein wenig verlegen, weil einen Jungen wie ihn solche Komplimente immer verlegen machen. Außerdem wußte er nicht, was er darauf antworten sollte.

Reklame machen. Wie sollte das vor sich gehen? Sollte er in den Zeitungen Anzeigen aufgeben? „Kommt und schaut euch den Berti Vogts an, er ist der beste Verteidiger in der näheren und weiteren Umgebung von Mönchengladbach?"

Vogts überlegte einen Augenblick. Kratzte sich am Kinn, zog die Schultern hoch, ließ sie wieder sinken und sagte dann einen Satz, der in seiner wundervollen, beinahe kindlichen Einfalt den Wert absoluter Einmaligkeit besitzt.

„Jeden Tag tue ich etwas", sagte Berti Vogts.

Und als der Reporter ein wenig erstaunt fragte, was das denn sei, er habe davon bislang noch nichts vernommen, antwortete Vogts: „Jeden Tag trainiere ich."

Wer etwas vom Fußball versteht, der wird zugeben, daß man durchaus jeden Tag trainieren kann und es trotzdem niemals erreicht, in Rio de Janeiro ebenso berühmt zu sein wie in Kleinkleckersdorf, in Manchester und München gleichzeitig Schlagzeilen zu machen.

Vor allem dann nicht, wenn dieser tägliche Trainierer zwar seine Trikots durchschwitzt bis zur letzten Faser, aber nach Ansicht der Fachleute kein begnadetes Talent ist und nichts besitzt, was ihm „in die Wiege gelegt worden ist" (wie die Fachleute in solchen Fällen zu sagen pflegen). Immerhin traf beides auf Berti Vogts zu. Gewiß, er würde ganz passable Erfolge erzielen und man würde seinen Namen kennen. Aber weltberühmt? Fußballer des Jahres? Genannt unter den besten Spielern der Erde? Gefürchtet von sämtlichen Stürmern aller Kontinente, auf denen Fußball gespielt wird?

Nimmermehr.

Denn Berti ist kein Zauberer am Ball. Er ist nicht genial wie Beckenbauer, und er schlägt nicht die langen Pässe wie Netzer. Er ist kein Künstler wie Pelé und kein Zaubergeiger wie Overath. Und vor allem hat er nicht, was die alle haben: jenes gewisse Etwas oder zumindest die Voraussetzungen, ihm dieses gewisse Etwas anzudichten.

Er hat nicht das zigeunerhafte Temperament des Wolfgang Overath zum Beispiel, den die Leute einmal bejubeln und beim nächsten Male am liebsten steinigen würden. Er strahlt nicht die unnahbare Eleganz des Franz Beckenbauer aus, der Fußball zu einem Kammerkonzert machen kann und den das Flair des Gentleman-Athleten umgibt. Und es haftet ihm auch nicht der Hauch des exzentrischen Playboys an, wie ihn Günter Netzer um sich wehen läßt. Haare lang und modisch gekleidet nach dem letzten Schrei. Ferrari und Diskothek, vom Erfolg verfolgter Businessman und begehrter Junggeselle, den die Mädchen und die Frauen anhimmeln, nicht so sehr, weil er ein gestandenes Mannsbild ist oder weil er die Ecken gleich ins Tor zu schießen vermag, sondern vielmehr, weil er ebensogut Marlon Brando oder der Sohn von Rockefeller sein könnte.

Wie gesagt, das alles nicht haben und trotzdem einer von denen werden, das ist verflucht schwer, es ist, genaugenommen, ausgeschlossen.

Die Sache mit der Reklame war also gar kein schlechter Rat, denn manch einem hat eine rührselige Geschichte im rechten Augenblick oder ein provozierendes Interview in der richtigen Zeitung einen beträchtlichen Schritt weitergeholfen.

Dem Berti Vogts derartiges anraten konnte jedoch nur jemand, der ihn nicht richtig kannte oder nicht wußte, wie sich die Dinge entwickelten, nachdem Berti zu seiner Tante Maria gekommen und dort allmählich herangewachsen war.

„Er war ein kleines Kerlchen, aber er fiel nicht aus dem üblichen Rahmen", erinnert sich Pfarrer Adam von Kann an diese Zeit. „Er hatte nichts Auffälliges an sich, er hat kein Gedöns gemacht." Gedöns, das ist ein rheinischer Ausdruck und heißt so viel wie Theater, Unannehmlichkeiten, Ärger oder auch nur Aufsehen.

Dem Herrn Krüppel, Geschäftsführer des VfR Büttgen, ist auch nichts mehr gegenwärtig, was Berti Vogts zu dem gemacht hätte, was man einen besonderen Jungen nennt. Er hatte nichts von einem Wunderknaben an sich und ebensowenig von einem Raufbold. Noch nicht einmal sonderliche Fußball-Fähigkeiten sind Herrn Krüppel in Erinnerung. Davon jedoch wird später noch zu reden sein.

Als er zu seiner Tante Maria gekommen war, so sagt Pfarrer von Kann, habe der Berti eine richtige Heimat gefunden. „Der Berti hat dort nichts entbehrt, es war ein warmes Nest für ihn, und darüber waren wir damals alle froh. Der Peter Laumen, der ja dann so etwas wie sein Pflegevater war, obwohl die Tante die Vormundschaft für die beiden Jungen hatte, dieser Peter Laumen war ein urgemütlicher Mensch. Ein richtiger naturverbundener Jägersmann, und da hatte der Berti die Ruhe und Geborgenheit, die ein Kind braucht."

Der Geschäftsführer Krüppel, der die Bücher und Angelegenheiten des VfR Büttgen schon „seit vor dem Krieg" (wie er sagte) betreute, und deshalb stets ein wachsames Auge auf die Burschen seines Dorfes hatte, weil man den Nachwuchs nicht früh genug an den Club binden kann, dieser Herr Krüppel weiß noch, „daß es für die beiden Vogts-Jungen nichts Besseres geben konnte, als bei ihrer Tante Maria Unterschlupf zu finden".

In allen Gesprächen taucht immer wieder Tante Maria auf, und somit scheint diese Frau der wichtigste Mensch in Bertis Jugendjahren gewesen zu sein. Wichtig in jeder Beziehung, denn zum Beispiel mußte auch Tante Maria unterschreiben, als Berti seinen Vertrag mit Borussia Mönchengladbach machte. Ohne Tante Marias Unterschrift hätte Berti nie Profi werden können. Aber Unterschriften und so, das waren Formalitäten. Tante Maria brachte Berti bei (und das waren die maßgeblichen Dinge), daß sich einer nicht ducken darf, wenn ihm das Schicksal aufs Haupt haut, daß er sich zur Wehr setzen und nie die Hoffnung aufgeben soll.

Vor allem hat Berti Vogts bei seiner zweiten Mutter das richtige Verhältnis zum Gelde gelernt. Sparsamkeit auf der einen Seite und richtiges Anlegen auf der anderen, wobei nicht gesagt sein soll, die Menschen am Niederrhein, und Tante Maria ist wohl ein sehr gutes Beispiel für diesen Typ, seien über alle Maßen knauserig. Wenden wir uns also jetzt dieser Tante Maria selber zu, die gewiß eine Menge Arbeit hatte, damals, als sie die beiden Vogts-

Burschen bekam und plötzlich eine Verantwortung hatte, um die sie niemand beneidete.

Heute sieht der „Jan von Werth" in Büttgen nicht mehr so aus wie damals, als Berti und Heinz-Dieter hineinzogen. Heute ist das ein recht feines Hotel, ein modernes Haus mit modernen Zimmern und einer großen Küche, in der man schon riecht, daß hier leckere Sachen gebrutzelt werden.

Damals war es ein Gasthof, wie es davon Tausende gibt: Kegelbahn, Fußballverein, Schützen, Freiwillige Feuerwehr, die Herren vom Gemeinderat, die Bauern, die Jäger, alles trifft sich dort, und wer den frischesten Dorfklatsch erfahren will, der geht in die Wirtschaft. Es ist immer Umtrieb dort, einen trifft man immer, mit dem man „schwaden" kann, wie man am Rhein das gemächliche Schwätzen nennt.

„Eine Menge Arbeit hatten wir damals schon", erzählt Tante Maria, „und manchmal habe ich doch geflucht, wenn ich Bertis Fußball-Wäsche waschen und die Schuhe putzen mußte, und wenn ich gerade fertig war, kam er schon wieder mit einem neuen Dreck an. Und es war ja nicht nur einer. Es war ja auch noch der Heinz-Dieter, der Fußball spielte. Aber der hielt nicht so viel vom Trainieren wie der Berti. Der Heinz-Dieter war noch viel ruhiger, gemächlicher."

Für Umtrieb hat Berti also damals schon gesorgt, und wenn man auch später oft behauptete, Berti Vogts sei ein schüchterner Junge, so war dies zumindest teilweise ein Trugschluß. Zurückhaltend sind die Menschen vom Niederrhein den Fremden gegenüber. Sie packen nicht gleich alles aus, sie sind nicht unbedingt zu allen und zu jedem mitteilsam, und wahrscheinlich erkennt man daran am besten, daß gleich hinter Düsseldorf beinahe schon Holland anfängt, wo die Köpfe der Leute genauso hart sind wie die Holzpantinen, in denen Männer und Frauen aufs

Feld gehen.

Es ist schon ein besonderer Menschenschlag dort. Harte Schädel haben sie alle, und nicht selten wächst das Haar darauf genau in jener Farbe, die man Dickköpfigen nachsagt, nämlich rot.

Ich weiß zum Beispiel von einem Doktor in Holzbüttgen, was zur Großgemeinde Büttgen gehört, der selbst ein echter Niederrheiner ist, rötlichblond, robust und deftig und durch nichts aus dem Gleichgewicht zu bringen. „Hier muß man derb sein", sagt dieser Doktor, „und die Menschen hier, das sind echt abgerundete Persönlichkeiten."

Diese Charakterisierung trifft haargenau auf Tante Maria und auf Berti Vogts zu. Daß Berti einiges vertragen kann, haben wir ja schon in Hunderten von Fußballspielen gesehen, und daß die Tante Maria aus demselben Holz ist, kann leicht bewiesen werden.

Sie hatte die ganze Wirtschaft am Hals, die drei Kinder des Wirts Peter Laumen mußte sie versorgen und dann kamen noch die beiden Vogts-Jungen, und trotzdem hat sie nichts von allem vernachlässigt. Hält die Augen auf und die Daumen drauf und hat es auf eine Weise, wie das nur Mütter können, verstanden, den Kindern ohne lange Reden so viel von ihren eigenen Erfahrungen, ihrem eigenen Wissen und ihren Eigenschaften mitzugeben, daß sie davon zehren konnten.

Natürlich kennt Tante Maria den Berti besser als jeder andere Mensch: „Wahrscheinlich war es gut für die beiden, daß sie gleich in einen solchen Betrieb gekommen sind, wie er nun mal in einer Wirtschaft ist", sagt sie, „dadurch sind sie leichter über den Tod von Vater und Mutter weggekommen. Das Leben ging gleich weiter für sie, und sie konnten gar nicht erst anfangen, nachzugrübeln."

Von seiner engsten Umgebung abgesehen, ging das

Leben für Berti Vogts ohnehin weiter wie vorher. Er spielte Fußball mit den Jungen in derselben Straße, wo er es auch vorher immer getan hatte, nämlich in der Oststraße von Büttgen. Dort stand sein Elternhaus. Den Vater und die Mutter gab es zwar nicht mehr, aber für Berti gab es noch dieselben Freunde, dieselbe Schule, dieselben Lehrer, dieselbe Kirche – und die Plätze, wo gespielt wurde, änderten sich auch nicht.

„Im Sommer haben wir immer Eis gemacht", erinnert sich seine Pflegemutter, „das war zwar eine Heidenarbeit. Denn es gab noch keine Eismaschinen wie heute. Das wurde mit Kunsteis gemacht und war eine lange Prozedur. Aber wir haben es als Kundendienst getan und für die Kinder. Ich weiß es noch wie heute, da hinten hat der Berti dann immer gesessen und riesige Mengen verputzt. Das waren Feiertage für ihn, und er hat das Eis in solchen Mengen vertilgt, daß ich meinte, er müsse Bauchweh bekommen. Aber das bekam er nie."

Nun, auch darin unterschied sich der Berti nicht von anderen Jungen. Denn welcher Bursche kann das Eis nicht pfundweise verschlingen, seinen Magen sozusagen zu einer Tiefkühltruhe machen und nichts weiter davon spüren als ein bißchen Rumoren zwischen Rippen und Bauchnabel, was, wie die Erfahrung lehrt, spätestens nach einer halben Stunde ausgestanden ist.

Berti Vogts hat also das Eis verputzt wie seine Freunde auch, und es gab im Grunde nicht das geringste, woraus damals schon zu erkennen gewesen wäre, welch eine Karriere dem Berti noch bevorstand.

Nur Tante Maria hat die ersten Anzeichen erkannt. „Ich glaube, das waren seine Bescheidenheit und sein Ehrgeiz", sagt sie, „und dann die Eigenschaft, daß er alles aus sich selbst heraus getan hat. Ich meine, aus eigenem Antrieb. Man mußte ihn zu nichts anhalten, und er war immer zufrieden. Ich mußte nie hinter ihm her sein, daß er zeitig nach Hause kommt. Er hat sich nicht herumgetrieben. Ich wußte immer: Jetzt wird er bald auftauchen, und dann kam er auch."

So war es auch mit der Fußballspielerei, die der Tante Maria zwar manchmal furchtbar auf die Nerven gegangen ist. Als sie dann aber sah, daß es für Berti überaus wichtig war, Fußball zu spielen, und daß man ihm unsagbar weh getan hätte, wenn man seine Leidenschaft auch nur ein wenig eingeschränkt hätte, da ließ sie ihn spielen, soviel er wollte. Denn obwohl es genug Dinge gab, die Berti Vogts vom Fußball hätten abbringen können, der Ball war ihm das Wichtigste.

„Er war Meßdiener", erzählt sie, „und da mußten sie immer zu einer bestimmten Zeit in die Kirche. Der Berti hat das nie versäumt. Dann ließ er sich in das Fanfarenkorps der freiwilligen Feuerwehr aufnehmen. Die Fanfare wurde sogar sein zweites Hobby. Und dann ging er noch in den Schützenverein, als Edelknabe. Aber all das hat ihm den Fußball nicht verleiden können."

Berti Vogts war also keineswegs ein Einzelgänger oder Eigenbrötler. Er hat sich im „gesellschaftlichen Leben" des Dorfes Büttgen, soweit dies einem Jüngelchen zukam, eingehend betätigt. Und da muß ich noch mal den Pfarrer Adam von Kann zitieren.

„Man weiß", sagt er, „daß die Schützen und die freiwillige Feuerwehr immer viel zu diskutieren haben und daß dabei immer fleißig gelöscht werden muß" (wobei er mit der linken Hand die Bewegung des Glashebens macht), „der Berti war also auch da schon in jungen Jahren einer nicht geringen Versuchung ausgesetzt. Aber mitgelöscht hat er nie."

Und in diesem Zusammenhang erinnert sich Pfarrer von Kann an ein Gespräch, das er mit dem Wirt Peter Laumen geführt hat. „Wissen Sie", sagt von Kann, „der Peter Laumen war ein Mann, der immer zu Späßen aufgelegt war. Und da hat er mir eines Tages erzählt, er habe seinen Berti mal auf die Probe stellen wollen. Auf die Probe, ob der Berti wirklich immer und zu jeder Zeit so standhaft sei. Und er habe ihn angehalten, doch einen mit ihm zu trinken" (das war allerdings, als Berti Vogts schon auf die zwanzig zuging und bereits Berufsspieler war), „doch Berti habe sich nicht 'rumkriegen lassen, wie sehr er ihn auch angehalten habe."

Worauf der Pfarrer dann noch anfügte: „Das hätte ich dem Peter Laumen gleich sagen können. Den Berti legt keiner aufs Kreuz, und mit so was schon mal gar nicht." Berti blies also die Fanfare, machte den Edelknaben bei den Schützen, trug in der Kirche die schweren Meßbücher, spielte Fußball in der Jugend des VfR Büttgen und fuhr schließlich jeden Tag nach Neuß, um dort Werkzeugmacher zu lernen. Alles ging seinen normalen Weg und nichts deutete, das muß ich noch einmal erwähnen, darauf hin, daß aus dem Berti Vogts irgendwann einmal etwas Besonderes werden würde.

Aber genau das war das Besondere. Man könnte es das Geheimnis nennen, ein Geheimnis, das Berti Vogts viele Jahre lang verbarg. Nicht, weil er selbst daran zweifelte, sondern wohl in erster Linie, weil er wußte und fürchtete, daß ihn die andern auslachen würden.

Er, der kleine Berti Vogts, mit neun Jahren gerade 64 Pfund schwer und 130 Zentimeter hoch und später auch nicht viel größer dieser Berti und . . .

Wahrscheinlich hat es Tante Maria zuerst gemerkt. Die Fußballspielerei war für Berti Vogts nicht nur eine Leidenschaft, wie sie Hunderttausende kleine Jungen haben, die sich aber später verliert und anderen Dingen Platz machen muß. Fußball war für Berti mehr.

Die Sache mit der Kegelbahn hat die Gewißheit gegeben. „Ich weiß nicht, wie er darauf gekommen ist. Aber irgendwann hatte er die Idee. Sie müssen wissen, daß wir damals – und heute auch noch – eine Kegelbahn hatten. Der Berti hat da sowieso immer als Kegeljunge gearbeitet, um sein Taschengeld aufzubessern. Denn die 70 Mark Lehrlingslohn hat er mir immer auf Heller und Pfennig abgegeben. Er bekam dann zehn Mark Taschengeld pro Woche. Das war nicht wenig, aber auch nicht gerade übermäßig viel. Vor allem später nicht mehr, als er Fahrgeld brauchte und manches andere, was mit dem Fußball zusammenhing. Jedenfalls hat er Kegel aufgesetzt, und beim Kegelaufsetzen muß ihm der Gedanke gekommen sein. Jedenfalls fing er eines Tages an, die Kegelbahn als Trainingshalle zu benutzen. Sie kennen das vielleicht, er hat eine Kordel an einen Ball gemacht und dann Kopfball geübt und was weiß ich noch. Alles auf der Kegelbahn. Wir haben ihn nicht daran gehindert. Warum auch? Die Kegelbahn nahm keinen Schaden, darauf gab er schon selber acht, und ihm hat es Spaß gemacht. Aber es hat mich doch gewundert, mit wieviel Ausdauer er bei der Sache war. Und ganz allein. Da habe ich mir gedacht, daß er jetzt vom Fußball nie mehr abzubringen ist, daß er sich was in den Kopf gesetzt hat, und ich war sicher, daß er sein Ziel erreichen würde."

Dies ist gewiß ein Kuriosum: Der Nationalspieler Berti Vogts trainierte auf der Kegelbahn einer Dorfwirtschaft.

Abends ist er dort Kegeljunge, im Qualm Hunderter Zigaretten, Zigarren und Pfeifen, atmet den schalen Bierdunst ein, und wenn er dann ins Bett geht, ist ihm das Gedröhn der Kegelbrüder noch in den Ohren.

Aber am nächsten Nachmittag, kaum von der Arbeit nach Hause gekommen, steht er schon wieder da und arbeitet mit dem Fußball. Kopfbälle, Spannstöße und so weiter. Gymnastik hat er auch da gemacht und außerdem ist er mit seinem Ball an der Kordel auch hinausgegangen auf das Trainingsgelände des VfR Büttgen.

Er hat jeden Tag trainiert, und wenn man es genau

nimmt, dann hat er damals schon das getan, was er viel später jenem Journalisten verriet, der ihn anhielt, ein bißchen Reklame für sich zu machen, nämlich jeden Tag trainiert.

Es war die Zeit damals auf der Kegelbahn, da der Bruder Heinz-Dieter zum Geschäftsführer Krüppel sagte: „Der Berti spinnt." Und in gewissem Sinne hatte der Bruder recht. Denn es gab nichts, was darauf hingedeutet hätte, daß dem Berti Vogts eine große Fußball-Karriere bevorstünde. Berti war nicht, was man ein Naturtalent nennt.

Aber genau das wußte Berti Vogts selbst. Man mußte es ihm nicht unter die Nase reiben. Aber genau das war es wahrscheinlich auch, was seinen Ehrgeiz anstachelte. Der Fußball, das war eine Herausforderung für ihn. Alles andere ging ihm vergleichsweise leicht von der Hand, und außerdem erschien ihm alles nicht so wichtig. Weder das Fanfarenblasen noch die Sache bei den Schützen.

Der Ball hatte es ihm angetan, ihn wollte er beherrschen, der Ball hatte ihn herausgefordert, und Berti hatte den Kampf aufgenommen.

Und da mag auch noch etwas anderes gewesen sein, was den Charakter des Berti Vogts derart stark beeinflußt hat, daß schließlich eine Eigenschaft daraus geworden ist, die diesen Mann formte. Ich habe schon gesagt, daß Berti Vogts ganze 130 Zentimeter von den kleinen Füßen bis zum blonden Scheitel maß, als er neun Jahre alt war. Berti gehörte sozusagen zu den abgebrochenen Riesen.

Und daraus kann man den Schluß ziehen, daß Berti Vogts wohl nie ein großer Fußballspieler geworden wäre, wenn er nicht immer zu den Kleinsten gehört hätte. Gewiß, diese Behauptung ist nicht zu beweisen, aber für ihre Richtigkeit gibt es deutliche Anhaltspunkte.

Als ihm der selbstgemachte Ball des Vaters bis an die

Knie ging und beinahe noch darüber, da wurde in ihm der Ehrgeiz geweckt, diesen Ball zu beherrschen statt über ihn zu fallen.

Als er dann (was die Mutter verboten hatte, weil er so schwächlich aussah) mit den Großen spielte, zu denen sein Bruder gehörte, und er nichts anderes tun konnte, als diesen Großen um die Beine herumzuwuseln, da wuchs in ihm der Trotz: Wartet, euch werd' ich's zeigen.

Und so ging das weiter. Immer und in jeder Lebenslage war Berti Vogts gezwungen, mit anderen den Kampf aufzunehmen. Stets fühlte er sich herausgefordert, nie war er der Chef. Deshalb befand er sich, völlig unbewußt natürlich, immer in einer Angriffs- und Kampfstimmung. Immer lebte er unter dem Zwang, die paar Zentimeter, die ihm fehlten, durch größeren Kraftaufwand, durch mehr Einsatz, mehr Mühe, mehr Fleiß, mehr Hingabe auszugleichen.

Das Fußballspiel mag ihm da – ebenso unbewußt – als das einzig richtige Betätigungsfeld erschienen sein. Hier konnten sich die Kämpfernaturen durchsetzen, hier kamen sie zu Ansehen. Und deshalb konzentrierte sich die Besessenheit des Berti Vogts ganz auf den Fußball.

Deshalb auch ist der Tag, an dem Berti Vogts für den Fußball entdeckt wurde, nicht genau zu bestimmen. Warum das so war, hat der Büttgener Geschäftsführer Krüppel recht treffend gesagt.

„Wann ich gesehen habe, daß aus Berti ein überdurchschnittlicher Spieler würde? Tja, seine unbeschreibliche Begeisterung ist mir gleich in den ersten Tagen aufgefallen. Da war er ungefähr zehn Jahre alt und hatte gerade angefangen, bei unseren Schülern zu spielen. Aber besondere Fähigkeiten, die waren erst viel später zu erkennen. Als er fünfzehn war oder sechzehn. Früher bestimmt nicht."

Schon in dieser Zeit gab es für Berti Vogts keinen

Zweifel mehr, daß er schaffen würde, was er sich in den Kopf gesetzt hatte. Er war seiner Sache sicher, weil er gemerkt hatte, wie sich seine Arbeit auszuzahlen begann.

An diese Sicherheit erinnert sich Tante Maria.

„Wir haben uns manchmal unterhalten, wo er denn spielen würde, wenn er achtzehn wäre und aus der Jugend herausgewachsen, wenn er also in eine erste Mannschaft aufgenommen würde. Für Peter Laumen und für mich und für alle bei uns war es selbstverständlich, daß Berti beim VfR Büttgen spielen müßte. Aber Berti sagte, den Tag würden wir nicht erleben, an dem er in der ersten Mannschaft des VfR Büttgen stehen würde. Nie werde ich in der ersten Mannschaft von Büttgen spielen. Das hat er gesagt. Er wollte höher hinaus. Und ich habe ihm dann gesagt, daß er so was dem Peter Laumen, der ja wie ein Vater zu ihm war, daß er dem das nicht antun dürfe. Aber er blieb dabei. Und darauf habe ich ihm gesagt, daß er dann nirgends Fußball spielen werde. Nirgends, wenn nicht beim VfR Büttgen. Aber er hat nur gelacht und gesagt, wir würden schon sehen – und dann würden wir nicht drum herum kommen."

Wie jeder weiß, hat Berti Vogts auch darin recht behalten.

Fußball

Wir machen nun schnell einen Sprung ins Jahr 1970. Genauer gesagt zum 7. Juni 1970. Nach Mexiko. Die deutsche Nationalelf liegt noch in den Betten im Hotel Balneario Comanjilla. Die Kakteenwüste wird von einem blassen Mond beschienen, dessen Licht schon mit dem ersten Grau der aufgehenden Sonne zu kämpfen hat.

Hinter dem Hotel sitzt ein mexikanischer Polizist, das Gewehr auf den Knien und auf dem Gewehr den Kopf. Er schläft, obwohl man ihm aufgetragen hat, die deutschen Spieler zu bewachen.

Zur gleichen Zeit ist in Deutschland schon heller Tag. Ein Sonntag, mit herrlichem Sonnenschein. In den Töpfen brutzeln die Braten, und manche Leute sitzen, soweit sie nicht ins Grüne gefahren sind, in der Kirche. Auch in Büttgen sitzen sie dort.

Den Gottesdienst hält nicht der Pfarrer Klemt, sondern der Kaplan Gerhard Kolmschot, ein Holländer. Daran ist nichts Besonderes, wie auch dieser Sonntag nichts Besonderes ist, wenn man von der Fußball-Weltmeisterschaft in Mexiko absieht und dem Spiel gegen Bulgarien, das die Deutschen an diesem Sonntag zu bestreiten haben.

Ein wichtiges Spiel, kein Zweifel. Vier Tage zuvor hatten die Deutschen zwar gegen Marokko 2:1 gewonnen, aber ein erbärmlich schlechtes Spiel geboten. Dachte man an Bulgarien, konnte einem angst und bange werden, und es war durchaus richtig, wenn die Kritiker behaupteten, an diesem Spiel gegen Bulgarien werde sich das weitere Schicksal der deutschen Mannschaft entscheiden.

An diesem Sonntag also, derweil die deutschen Spieler noch schliefen, Helmut Schön wahrscheinlich schon wach lag und noch einmal die taktischen Möglichkeiten durchging, saßen die Leute in Büttgen in der Kirche, beteten und lauschten ihrem Kaplan Kolmschot.

Als der zu Ende gepredigt hatte, wandte er sich einer überaus weltlichen Sache zu und sagte:

„Und nun, meine Brüder und Schwestern, wollen wir hoffen, daß die deutsche Mannschaft mit unserem Berti Vogts heute abend in Mexiko gegen Bulgarien gut spielt und gewinnt, damit wir nicht wieder so fluchen müssen wie beim Spiel gegen Marokko."

In der Tat, das sagte der Kaplan Kolmschot, und seine Schäflein mögen zusammen mit dem Kaplan in diesem Augenblick ein kurzes Stoßgebet gen Himmel und gen Mexiko geschickt haben. Falls sie das taten, so kann man sagen, daß dieses Gebet erhört worden ist. Denn die deutsche Mannschaft spielte gegen Bulgarien geradezu herrlich. Sie gewann mit „unserem Berti Vogts" 5:2 und gab hinsichtlich der Weltmeisterschaft zu den schönsten Hoffnungen Anlaß.

In Büttgen ist deshalb an diesem Abend überhaupt nicht geflucht worden, und der Kaplan Kolmschot durfte gewiß sein, daß diesmal seine Morgenarbeit vor dem Altar nicht durch ein Fußballspiel zunichte gemacht worden war.

Sicherlich ist es für einen jungen Mann eine feine Sache, wenn er in seiner Heimatgemeinde Gegenstand der Kanzelgespräche des Herrn Kaplan wird. Er darf sich etwas darauf einbilden, denn schließlich zeigt dies am deutlichsten, daß er es zu etwas gebracht hat, daß man ihn achtet in der Heimat und daß man ihn nicht vergessen hat, daß die Leute ihn immer noch als einen der Ihren betrachten, obwohl er seinen Ruhm sozusagen auswärts und nicht in Büttgen geerntet hat.

Kapläne reden im allgemeinen nicht von der Kanzel herunter über Fußball. In Büttgen und am Niederrhein freilich ist das etwas anderes. Da sind selbst die Pastoren und Kapläne der Erde näher als dem Himmel, und sie kennen die Dinge, die den Menschen wichtig sind. Fußball gehört dazu, vor allem in einem Land, wo der Grundsatz, daß man nach der ersten Ohrfeige dem Gegner auch noch die andere Wange hinhalten soll, wo dieser Grundsatz nicht unbedingt und immer seine Gültigkeit besitzt.

Die Leute haben harte Köpfe und verstehen sich aufs Kämpfen. Das Kämpfen liegt ihnen im Blut, und das ist eine Eigenschaft, der in Büttgen aus gutem Grund gehuldigt wird.

Im kleinen Büttgen nämlich wurde ein großer Mann geboren, dessen Beruf das Kämpfen war: Johann Reichsgraf von Werth, besonders am Rhein, in Düsseldorf und Köln besser bekannt unter dem Namen Jan von oder van Werth. Er diente im Dreißigjährigen Krieg als General, war vorher mit den Spaniern durch Holland und bis Paris gezogen und starb dann 1652, als er 52 Jahre alt war, im böhmischen Benatek. Natürlich sind die Büttgener stolz auf ihren Jan von Werth, den Kindern werden seine Erlebnisse schon in der Schule beigebracht, und der Gasthof des Peter Laumen, wo Berti Vogts aufwuchs, hieß ja, wie wir wissen, Jan von Werth, und so heißt das Hotel heute noch.

Wo solche Leute als Helden in Erinnerung bleiben und verehrt werden, hat man ein besonderes Verhältnis zum Kämpfen. Und weil der Jan von Werth in Büttgen geboren wurde, kommt das Dorf erstens in jedem Lexikon vor, und zweitens mußte der Bürgermeister von Büttgen, als er Berti Vogts nach dessen Rückkehr aus Mexiko ehrte und ihm eine große goldene Erinnerungsplakette überreichte, in seiner Festrede mit dem Loben sehr vorsichtig sein. Normalerweise hätte der Bürgermeister Klüber das Gemeindemitglied Hans Hubert Vogts den „berühmtesten Bürger Büttgens" nennen müssen. Aber in Anbetracht der kriegerischen Ruhmestaten des Jan von Werth, wenn sie auch schon über dreihundert Jahre zurückliegen, fügte der Bürgermeister dem Wort „berühmtesten" den Zusatz „lebenden" an.

Sogar was ihre Frömmigkeit anlangt, sind die Büttgener nicht vom wackeren Fechten abzuhalten (wie ja auch der Jan von Werth ein frommer Herr gewesen ist). Die Kirche in Büttgen ist nämlich der heiligen Aldegundis geweiht. Dieser Name ist aus den beiden althochdeutschen Wörtern „alde" oder „adel" und „gund" zusammengesetzt. Alde heißt soviel wie edel, und gund ist das Wort für Kampf.

Wo die Kirche also einer heiligen Dame geweiht ist, die den edlen Kampf im Namen führt und das Gemeindesiegel einen General aus dem Dreißigjährigen Krieg zeigt, da läßt man sich nicht so leicht auf den Kopf spucken. Das beweisen die beiden berühmtesten Söhne Büttgens, der längst verblichene Jan und der lebende Berti.

Nicht auf den Kopf spucken lassen – angewandt auf Berti war das natürlich keine ganz so einfache Sache. Ich habe schon angedeutet, daß Berti mit den Gaben des Fußballs nicht gesegnet war, daß er das Stoppen, das Zuspielen (mit der Innenseite, mit der Außenseite, mit dem Spann des Fußes und da sowohl des rechten wie des linken), das Köpfen, daß er all diese Dinge jeweils hunderttausendmal geübt hat, ehe er sie beherrschte. Das hat Jahre gedauert. Deshalb hatte Berti, als er noch ein Knäblein war, etliche Erlebnisse, die bittere Nasenstüber waren für ihn, aber andererseits doch wieder sehr nützlich. Denn sie stachelten seinen Ehrgeiz eher an, als daß sie ihn bremsten.

Da war die Sache mit der Schulmannschaft. Berti hatte keinen Stammplatz darin. Einmal ließen sie ihn mitspielen, aber da wußte er sofort, daß er an diesem Tag zwei Spiele gleichzeitig gemacht hatte, nämlich sein erstes und sein letztes.

Und dann der Tag, an dem er sich beim VfR Büttgen anmelden wollte. Da war er neun, also an der untersten Altersgrenze. Sie grinsten ein wenig mitleidig, als Berti daherkam. Er solle kräftig essen und noch ein Jährchen warten, vielleicht habe man dann Verwendung für ihn, sagten sie, und Berti wartete halt noch ein Jahr.

Danach gab es noch eine Enttäuschung, aber dies war die letzte im Fußball-Leben des Berti Vogts. Wenn nämlich die Auswahl-Mannschaft des Kreises Neuß-Grevenbroich aufgestellt wurde, fehlte der Name Vogts. Die Herren Funktionäre schauten über ihn hinweg. Und erst, als er längst von anderen entdeckt war, als er sozusagen über die Kragenweite des Kreises schon hinausgewachsen war, da holten sie ihn.

Wie ja überhaupt Bertis Fußball-Weg nach oben anfangs auf seltsame Weise vor sich ging. Da bekam der VfR Büttgen im Herbst 1962 einen Brief vom Westdeutschen Fußball-Verband, man möge doch auch mal einen Jugendlichen zu den Sichtungs-Lehrgängen in die Sportschule Wedau schicken.

Diese Aufforderung war verständlich. Schließlich besaßen die Büttgener eine Menge Mitglieder und betrieben eine recht gute Jugendarbeit. Irgend etwas mußte da also zu holen sein, mochte man sich in Duisburg gedacht haben. Derartige Aufforderungen haben jedoch keineswegs als Besonderheit oder nennenswerte Ehre zu gelten. Briefe dieser Art bekommen reihum sämtliche Vereine in allen Landesverbänden. Es sind Routine-Schreiben.

Die Jugendleiter schicken dann die Bürschlein, von denen sie glauben, sie hätten es verdient. Entweder sind sie wirklich vielversprechend, oder aber sie haben durch andere Eigenschaften auf sich aufmerksam gemacht. Vielleicht fehlen sie nie beim Training, kommen immer mit geputzten Schuhen oder haben nie ein Loch im Trikot. Was dann zwar einen guten Eindruck macht, aber eher auf die Fürsorge der Mutter als auf das Talent des Jungen schließen läßt.

Wie gesagt, solch einen Brief bekamen die Büttgener, und weil Berti – er war damals sechzehn Jahre alt – als der eifrigste Trainierer, als pünktlicher und zuverlässiger Bursche und der Fußball-Besessenste von allen galt, schickte man ihn, den Mittelstürmer Hans Hubert Vogts, nach Duisburg.

Jawohl, den Mittelstürmer Vogts. Denn Berti hat keineswegs von Anfang in der Abwehr gestanden. Er hat gestürmt, war beim VfR Büttgen nie etwas anderes als der Mittelstürmer, wenngleich er bei hohen Flankenbällen nicht gerade durchschlagskräftig wirkte.

Berti Vogts kam aus Duisburg zurück und normalerweise hätte damit seine ,,Karriere auf höherer Ebene" beendet sein müssen. Oder sagen wir so: In neunzig Prozent aller Fälle ist sie für Jungen, wie Berti Vogts damals einer war, mit Sicherheit beendet.

Denn Berti hatte nichts, was ins Auge stach. Er war kein exzellenter Techniker, und Wolfgang Overath zum Beispiel hatte in seinem Alter schon vor 100 000 Zuschauern im Londoner Wembley-Stadion in der deutschen Schülerauswahl gestanden. Berti Vogts war auch nicht, was man einen Athleten nennt. Genaugenommen sah er so aus, wie man sich einen Athleten nicht vorstellt. Es gab auch niemanden, der sozusagen die Hand über ihn hielt und dafür sorgte, daß man ihn nach Duisburg einlud, obwohl es keinen Grund dafür gab.

All das hatte Berti Vogts nicht und nachher noch, als er schon in der deutschen Jugendauswahl beim Turnier des

Europäischen Fußball-Verbandes (UEFA) spielte, da nannte ihn Dettmar Cramer einen „durchschnittlich begabten Spieler". Aber Berti Vogts hatte etwas anderes. Er hatte nämlich das beinahe unwahrscheinliche Glück, in Duisburg den richtigen Trainer anzutreffen. Dies war damals ein gewisser Heinz Murach, der später als Trainer von Borussia Dortmund im Rampenlicht des Fußball-Geschäfts erschien.

Dieser Murach ist ein Mann, der im Umgang mit ausgekochten, rücksichtslosen und selbstsüchtigen Profis seine Schwierigkeiten hat, der aber dafür ein ungeheuer feines Gespür für Talente besitzt, der junge Burschen begeistern und ihre versteckten Fähigkeiten erkennen kann. Murach gab sich Mühe mit seinen Jungen, und wenn einer den Ball stundenlang auf dem Spann tanzen lassen konnte, dann fand er dies natürlich beachtlich, aber noch keineswegs ausreichend, um dem Westentaschen-Rastelli eine goldene Zukunft zu garantieren.

Berti kam also da genau an den Richtigen.

Das zeigte sich ein paar Monate nach der ersten Routine-Einladung. Vogts erhielt im Februar 1963 eine neue Aufforderung, nach Duisburg zu kommen. Aber diesmal ging der Brief nicht über den Verein, sondern direkt an ihn. Es war sozusagen eine persönliche Einladung.

Und von diesem Tage an gehörte Berti Vogts zu den Schützlingen von Heinz Murach. Ein Frühjahr und einen Sommer lang fuhr er jede Woche nach Duisburg, und unter Murachs Händen begann Bertis steiler Weg nach oben. Das Wichtigste freilich: Murach machte aus dem Mittelstürmer Vogts den Abwehrspieler Vogts.

Es ist deshalb nicht übertrieben, wenn man Heinz Murach als den Entdecker von Berti Vogts bezeichnet. Gewiß, Dettmar Cramer und Hennes Weisweiler haben ebenfalls einen großen Anteil an der Karriere von Vogts, doch Murach war der erste, der die Fähigkeiten von Berti entdeckte und pflegte.

Sein Debüt gab er am 21. September 1963. Die A-Jugend des Niederrheins spielte gegen den Mittelrhein, und eigentlich hatte Berti Vogts in dieser Mannschaft nichts zu suchen. Der Geburtsurkunde nach war Vogts nämlich 16 Jahre alt und gehörte somit noch zur B-Jugend. Ein ganz penibler Zeitgenosse hätte einwenden können, man wolle den kleinen Vogts offenbar bei den Großen verschleißen.

Doch Murach wußte, was er tat, und er wußte vor allem, was er Berti Vogts zutrauen konnte und zumuten durfte. Zum ersten Male spielte Vogts linker Verteidiger, und die Zeitungen empfanden, daß er „der wirkungsvollste Abwehrspieler war, obwohl er auf ungewohntem Posten stand".

Der Büttgener Geschäftsführer Krüppel freilich sah die Sache kritischer. „Da war eine Reihe technisch ausgezeichneter Spieler in der Niederrhein-Mannschaft, und ich habe mir gedacht, mein lieber Berti, was willst du bei denen hier", erinnert sich Krüppel. „Aber dann haben mich Murach und Berti eines Besseren belehrt. Denn der Verbandstrainer nahm unseren Vogts nie mehr aus der Mannschaft, und Berti wurde von Woche zu Woche, von Spiel zu Spiel besser. Von diesem Tage an hatte er in jeder Auswahlmannschaft seinen Stammplatz."

Berti hopste dann gleich die nächste Stufe nach oben. Am 10. November 1963 stand er in der Auswahl des Westdeutschen Fußball-Verbandes, die zum siebten Male den DFB-Jugendpokal gewann. Durch einen 5:2-Sieg (nach Verlängerung) gegen den Norden, im Stadion von TuS Helene Essen, vor 2000 Zuschauern, darunter Helmut Schön, der damals noch Sepp Herbergers Assistent war.

Es wäre also falsch zu sagen, Berti Vogts sei erst 1966, nach der Weltmeisterschaft in England, im Gesichtskreis des Bundestrainers erschienen. Erste Wahl, entsprechend seinem Alter, war er damals schon, denn nach dem Spiel in Essen lud Schön elf Spieler der West-Auswahl zu jenen Lehrgängen ein, in denen Dettmar Cramer die Mannschaft für das UEFA-Turnier in Holland bildete und vorbereitete.

In einem Testspiel für diesen Wettbewerb traf die Jugend-Nationalelf am 8. März 1964 in Lörrach auf die Schweiz, siegte 2:1, und ich erwähne dieses Spiel nur deshalb so ausführlich, weil die Überschrift, mit der im „Kicker" der Bericht aus Lörrach versehen wurde, noch über zehn Jahre später Gültigkeit besessen hätte. Da hieß es nämlich: „Beckenbauer schoß beide Tore, gute Abwehrleistung von Vogts."

Im Text freilich schaute das so aus: „Bundestrainer Herberger meinte, daß es zwar ein schönes Spiel gewesen sei, doch er möchte keinen Spieler herausheben. Die DFB-Jugend hatte zwar einige gute Einzelkönner zur Stelle, doch fehlte es an den geschlossenen Angriffsaktionen. Kennzeichnend für die Schwäche im deutschen Angriff war, daß alle beiden Tore vom Offensiv-Außenläufer Beckenbauer erzielt wurden, der mit Vogts zu den besten Spielern zu zählen war."

Bleiben wir noch einen Augenblick bei diesem UEFA-Turnier in Holland, das ja nach dem Test in Lörrach bevorstand. Die Deutschen kamen nicht weit. Nach einem 2:1-Sieg über Schweden und einem 1:3 gegen Holland schieden sie wegen des schlechteren Torverhältnisses aus.

Dies hatte man als Enttäuschung zu betrachten, die freilich durch einen anderen Gewinn erträglich gemacht wurde. Ich meine damit die Entdeckung des Franz Beckenbauer, den man nach diesem Turnier in Holland nicht mehr beinahe anonym den „deutschen Offensiv-Außenläufer" nannte. Franz Beckenbauer begann damals schon, ein Begriff zu werden, und aus dieser Zeit rührt auch die Hochachtung her, die Berti Vogts seinem Kollegen immer entgegenbrachte. Hochachtung ist vielleicht zuviel gesagt. Es ist mehr eine kollegiale Wertschätzung, die Berti Vogts ohnehin jenen Ballkünstlern schenkt, denen angeboren ist, was er mühsam erlernen mußte.

Deshalb bewunderte er zum Beispiel die langen Pässe Günter Netzers und grinste manchmal in beinahe zynischer Selbstkritik: ,,Ja, wenn ich erst mal die langen Pässe gelernt habe." Er nannte Netzer den ,,besten Fußballspieler, den ich kenne" und steigerte dieses Lob noch, indem er Franz Beckenbauer einen ,,deutschen Brasilianer" hieß.

Es ist ungefähr dieselbe Achtung, die der erste Geiger eines Orchesters dem Dirigenten entgegenbringt, obwohl er weiß, daß dieser Dirigent nichts wäre ohne ihn, den ersten Geiger.

Wie gesagt, Berti Vogts bewundert die Ballkünstler, doch in seinen jungen Jahren verehrte er einen Kollegen, der eher so beschaffen war wie er selbst: Uwe Seeler.

Das hatte einerseits eine sehr vordergründige Ursache. In den Jugendmannschaften des VfR Büttgen spielte Berti nämlich stets Mittelstürmer, er war der Torjäger, ein erfolgreicher Torjäger übrigens. Einmal war er sogar Saison-Schützenkönig. Man kann sich also recht gut vorstellen, daß der kleine Berti davon träumte, ein zweiter Uwe Seeler zu werden.

Die andere, die verborgene Ursache liegt im Un- oder Unterbewußten. Berti mag gefühlt haben, daß es Uwe so ergangen war wie ihm. Auch Uwe war kein Künstler, kein Ballzauberer, er hatte hart arbeiten müssen. Und da mag auch der Kern für die Popularität der beiden liegen, denn seit Uwe Seeler hat das deutsche Fußball-Volk keinen anderen mehr derart innig ans Herz gedrückt wie seinen Berti.

Viel später, als er schon auf die dreißig zuging und sich mitunter seine Gedanken machte über die Dinge, die unter der Oberfläche liegen, sagte Berti Vogts: „Vielleicht mögen mich die Leute, weil ich ihnen das Gefühl vermittele, daß sie auch könnten, was ich auf dem Spielfeld mache. Sie mögen mich, weil sie sehen, daß ich einer bin wie sie: kein Künstler, ein Arbeiter, kein Begnadeter wie Franz Beckenbauer, ein ganz einfacher Fußballspieler."

Sicherlich steckt viel Wahres in dieser Überlegung. Die Künstler werden bewundert, aber die Schaffer werden geliebt und deshalb wohl schwärmte der kleine Berti von Uwe und der große Berti mochte seinen Kollegen Seeler von keinem anrühren lassen.

Als die Kritiker nach einem Länderspiel zu hart mit Uwe ins Gericht gegangen waren, sagte Berti Vogts: „Eigentlich müßte es grundsätzlich verboten sein, den Uwe Seeler zu kritisieren. Denn er steht so hoch über allen anderen, daß jede Bemängelung seiner Leistung eine Beleidigung ist." In beiden Spielen des Turniers in Holland wurde Berti Vogts bester Mann der deutschen Abwehr und durfte dies auch in den Zeitungen nachlesen. Er hätte eigentlich mit stolzgeschwellter Brust nach Büttgen zurückkehren müssen.

Daß dies nicht so war, weiß Tante Maria zu berichten. „Die Jungens hatten vom Deutschen Fußball-Bund einheitliche Anzüge bekommen. Und vorne auf der Jacke war das DFB-Wappen. Schon als er den Anzug bekam, sagte Berti, mit dieser Jacke werde er in Büttgen nicht herumlaufen. Und das wollte er auch nicht, als er aus Holland nach Hause kam. Ich habe ihm gesagt, schließlich habe er in der Mannschaft gespielt, und alle seien zufrieden gewesen mit ihm, also könnte er auch die Jacke anziehen. Aber er wollte nicht und ließ mir keine Ruhe, bis ich das Wappen abgetrennt hatte. Und dann zog er die Jacke an."

Ob Kreisauswahl, Niederrhein-Mannschaft, westdeutsche Auswahl oder Jugend-Nationalelf, Berti Vogts war von jetzt an immer dabei, und auch ein Jahr später, als das UEFA-Turnier in Deutschland gespielt wurde, stand er wieder in der Jugend-Nationalelf. Das war im Frühjahr 1965, aber über ein halbes Jahr vorher fing man schon an, Jagd auf Berti Vogts zu machen. Der Profi-Fußball winkte.

Im November 1964 hatte Dettmar Cramer seinen ersten Vorbereitungskurs in Duisburg abgehalten. Berti Vogts suchte Rat bei ihm. Was sollte er tun? Da kamen die Spielervermittler und die Vertreter großer Clubs und warfen mit Summen um sich, die Berti zwar nicht für erfunden hielt, die ihm aber doch ein leichtes Kribbeln auf dem Rücken verursachten.

Cramer riet ihm, nichts zu überstürzen, erst mal abzuwarten. Er habe ja noch Zeit, und im rechten Augenblick könne man immer noch darüber reden. Dabei muß man wissen, daß viele Spieler in solchen Fällen bei Dettmar Cramer ihr Herz ausgeschüttet haben. Willi Schulz zum Beispiel auch, als er in der einen Hosentasche das Handgeld von Borussia Dortmund und in der anderen jenes von Schalke 04 hatte. „Trainer, sagen Sie, was soll ich tun", hatte Schulz damals gesagt und die beiden Päckchen ein wenig verlegen auf den Tisch gelegt.

Soweit war es bei Berti Vogts natürlich noch nicht. Aber der 1. FC Köln, Borussia Mönchengladbach und Fortuna Düsseldorf hatten ihre Offerten schon unterbreitet, und es galt als sicher, daß Vogts nach Abschluß der Saison 1964/65 einen Vertrag unterschreiben würde.

Womit schon bewiesen war, daß seine Prophezeiung „Nie werde ich in der ersten Mannschaft des VfR Büttgen spielen" in vollem Umfang eintreffen sollte.

Die Sache mit dem Wappen auf der Jacke hatte zwar gezeigt, daß Berti Vogts nur schwerlich in die Gefahr kommen würde, überzuschnappen. Sein Selbstbewußtsein hatte sich jedoch recht beträchtlich entwickelt, Berti kannte seinen Wert, und zu dieser richtigen Selbsteinschätzung hatte ihm hauptsächlich das UEFA-Turnier in Deutschland verholfen.

30 000 und mehr Zuschauer in den Stadien, tosender Beifall für ihn, den Hans Hubert Vogts aus Büttgen, und dann dieses Spiel gegen die CSSR in Hagen, das zwar für die deutsche Mannschaft mit einer bitteren Enttäuschung endet, für Berti jedoch zu einem beträchtlichen persönlichen Erfolg wird.

Die Enttäuschung: Nach Ablauf der Spielzeit von achtzig Minuten steht es 0:0. Es wird gelost, und da haben die Tschechen und nicht die Deutschen Glück.

Der Erfolg für Vogts: Er bietet die beste Leistung seiner bisherigen Laufbahn, in den Zeitungen werden sein ,,kompromißloser Einsatz" und seine ,,erstaunliche Stärke im Kopfball" hervorgehoben. Die Reporter vermerken sogar einen ,,Weitschuß von Vogts, der nur knapp das Ziel verfehlte".

Danach spielen die Deutschen noch in Berlin gegen Holland (2:1) und in Gelsenkirchen gegen Ungarn (2:1), wodurch sie schließlich noch auf den fünften Platz gelangen.

Überall jedoch bescheinigt man Berti Vogts außergewöhnliche Leistungen, und damit will ich sagen, daß er guten Grund besaß, von seinem Wert überzeugt zu sein. Hinzu kamen noch die Angebote, die schon seit sechs Monaten immer wieder erneuert wurden.

Er konnte also wählen, und dabei geriet er in einen Gewissenskonflikt. Seine Zuneigung nämlich galt den Düsseldorfer Fortunen. Mit der Fortuna-Fahne war er schon als Zwölfjähriger ins Rheinstadion gezogen, über Fortuna diskutierte man in seiner Lehrwerkstatt, zu Düsseldorf fühlen sich die Menschen in Büttgen viel stärker hingezogen als zu Mönchengladbach, obwohl das nur fünfzehn Kilometer entfernt liegt. Borussia Mönchengladbach aber war einer der ersten Clubs gewesen, die sich um Berti Vogts bemüht hatten.

Was also tun? Fortuna oder Borussia? Mönchengladbach oder Düsseldorf?

Bei der Beantwortung dieser Frage ließ er sich von einer Eigenschaft leiten, die schon damals sehr ausgeprägt war, die sich aber erst später deutlich bemerkbar machen sollte. Ich meine die völlige Unfähigkeit des Berti Vogts, einem Fußballspiel zuzuschauen, bei dem er eigentlich hätte mitspielen können.

Das war schon beim kleinen Berti so. „Hätte er nicht mitspielen können, er wäre todkrank geworden", entsinnt sich der Geschäftsführer Krüppel, „also spielte er immer, verletzt war er nie."

Tante Maria freilich sagt: „Verletzt war er schon manchmal, aber er hat die Zähne zusammengebissen. Er wollte, er mußte dabeisein."

Und als der Berti achtzehn war und auf den Wunschlisten der großen Clubs stand, da war ihm dieser Zwang schon bewußt, der Zwang, dabeizusein um jeden Preis, und er wußte, daß es seine Nerven nicht aushalten würden, wenn er draußen auf der Bank säße und die Kollegen ohne ihn ins Stadion liefen.

Deshalb nahm er sich sozusagen selbst das Versprechen ab, nur bei dem Club zu unterschreiben, wo es am sichersten schien, daß er einen Stammplatz bekäme. Das war seine Bedingung. Er wollte nur dorthin gehen, wo es nicht den geringsten Grund gab, ihn zu übersehen.

Und da kam eigentlich nur Mönchengladbach in Frage, denn die Borussen hatten, wenngleich sie auf dem Sprung in die Bundesliga standen, eine überaus wackelige, unzuverlässige Abwehr. Außerdem hatten die Borussen schon früh genug nicht nur bei Berti Vogts, sondern auch beim

VfR Büttgen vorgefühlt.

Und deshalb wurde man schnell handelseinig. Borussia Mönchengladbach zahlte an den VfR Büttgen 28 000 Mark Ablöse und an Berti Vogts ein Handgeld von 20 000 Mark netto. Ehe jedoch Berti und seine Tante Maria – als Vormund eines noch Minderjährigen – ihre Unterschriften leisteten, galt es für die Borussen, ihren neuen Mann den Zugriffen anderer Vereine zu entziehen. Also schickten sie ihn kurzerhand mit ihrer Mannschaft, die von einem Spiel der Aufstiegsrunde zum anderen zog, auf Reisen. Da war Vogts erstens am sichersten, und zweitens konnte er gleich in den Borussen-Betrieb hineinriechen. Und als die Mönchengladbacher ihren Aufstieg in der Tasche hatten, da wurde auch der Vertrag mit Vogts perfekt gemacht.

Wodurch Berti Vogts zum ersten Male in seinem Leben zu eigenem Besitz kam und der Verein VfR Büttgen ebenfalls zum ersten Male in seinem Leben, das immerhin 1912 begonnen hatte, ein ansehnliches Guthaben sein eigen nennen konnte.

„Ich habe ihm damals mit seinem Handgeld noch bei der Steuer geholfen", erinnert sich Herr Krüppel, und Tante Maria erzählt: „Natürlich haben wir das Geld gleich angelegt, wir haben das Grundstück gekauft, auf dem er das Haus für sich und seinen Bruder baute. Es war ihm ganz selbstverständlich, daß er das Geld anlegen mußte und nicht verplempern durfte, da gab es keine Diskussionen. Ich hatte ihn sparsam erzogen."

Nicht anders verfuhr der VfR Büttgen. Er legte zu den 28 000 Mark noch 2000 hinzu, um die Summe rund zu machen und brachte das Geld zur Gemeindesparkasse Büttgen, auf fünf Jahre, damit es gute Zinsen trage.

In diesem Zusammenhang darf ich jedoch nicht verschweigen, daß die Büttgener drei Jahre später ein viel besseres Geschäft machten. Da verkauften sie ihren Spieler Heinz Koch (drei Jahre jünger als Berti Vogts und DFB-Auswahlspieler wie der) für runde 45 000 Mark an Borussia Mönchengladbach. Es wäre nun ein Trugschluß anzunehmen, Koch sei um ganze 17 000 Mark besser gewesen als Vogts. Nein, die Preise waren so erheblich gestiegen.

Mit Koch hatten die Borussen allerdings bei weitem nicht die gleiche Freude wie mit Vogts. Nach zwei Jahren verkauften sie Koch weiter, an den VfL Osnabrück. Berti hingegen war vom ersten Tage an, wie das sein Wunsch gewesen war, fester Bestandteil der Mönchengladbacher Mannschaft. Obwohl er am Anfang mächtig zu rudern hatte und nach dem Training meist so geschafft war, daß er meinte, die Ohren müßten ihm umknicken.

Zweierlei freilich erleichterte die Lage von Vogts: Erstens hatte er in Hennes Weisweiler einen Trainer gefunden, den man ohne jede Einschränkung Deutschlands besten nennen kann. Vor allem deshalb, weil er bei jungen Leuten wie Berti Vogts Härte und Nachgiebigkeit richtig zu dosieren weiß und weil er es versteht, einen Mann aufzubauen.

Zum zweiten waren die Mönchengladbacher selbst erst gerade dabei, sich vom halbprofessionellen Leben in der Regionalliga auf das Voll-Profitum der Bundesliga umzustellen.

Vogts kam somit nicht in die fertige Truppe einer Fußball-Firma, sondern in einen Verein, dem es nicht anders erging als ihm selbst: Er hatte sich auf einem neuen Gebiet zurechtzufinden, hatte sich mit Anforderungen und Belastungen auseinanderzusetzen, die ihm völlig ungewohnt waren.

Auf diese Weise wuchs Berti Vogts mit der Mannschaft. Für ihn und für diese Mannschaft hatte ein neuer Abschnitt begonnen. Glücklicher also konnten sich die Dinge gar nicht fügen.

Erfolgsjahre

Wie aufgeblasene Regenwürmer lagen die Fernsehkabel in der Hotelhalle. Kameramänner pflügten mit ihren rollenden Bildschirm-Kanonen über tiefe Teppiche quer durch das luxuriöse Gelände.

„Achtung, Aufnahme", signalisierten die Fernsehleute, und die Ober hörten auf zu laufen, postierten sich genau so, daß sie auch ganz sicher mit auf den Schirm kommen mußten. Die Kameras strichen durch den Saal, über weißgedeckte Tische, übergingen ein paar graue Funktionärsköpfe und deren Fotografiergesichter, blieben einen Augenblick an einer großen goldenen Schale hängen und packten schließlich ein Häuflein junger Männer, die eilig ihre Sekt- und Biergläser beiseite stellten und fröhlich in die Linse grinsten.

Als Trainer Weisweiler abends um zehn im Salon fünf, den man in ein Fernsehstudio umgewandelt hatte, dem deutschen Bildschirmvolk seine Mannschaft vorstellte, stutzte er plötzlich, fuhr dann fort in der Präsentation der Stars, und als sein Gesicht schließlich aus dem Bild glitt, lag darauf jenes doppeldeutige Lächeln rheinischer Büttenredner, denen das seltene Glück eines guten Witzes widerfahren ist.

Es schien, als fühle sich Hennes Weisweiler wie ein Quizmaster. „Einer hat gefehlt, meine Damen und Herren, aber welcher? Drei Punkte für den, der zuerst den Namen nennt."

Werbefachleute würden nun sagen, mitunter sei die

beste Reklame, etwas wegzulassen. Gefehlt hatte nämlich Berti Vogts, und schließlich kam auch der Fernsehmann drauf.

„Berti Vogts, meine lieben Zuschauer, ist schon zu Bett gegangen", erfuhren die Leute. Und das war, mit Verlaub gesagt, eine ausgemachte Lüge.

Die Erklärung freilich schien triftig. Schließlich weiß jedermann, daß dieser Berti Vogts ein Lang- und Vielschläfer ist. Daß er sich mit Vorliebe ins Bett verkriecht, wenn keiner damit rechnet, und daß noch kaum ein Morgen vergangen ist, da man ihn nicht mit sanfter Gewalt hätte aus den Federn holen müssen.

Wo also sollte Berti Vogts anders sein als im Bett?

Doch diesmal stimmte die Kalkulation mit dem Schlafbedürfnis des Vogts nicht. Er steckte keineswegs in den Federn, sondern saß irgendwo an einem stillen Plätzchen und kakelte mit Bundestrainer Schön über Fußball. Bald danach ließ man Berti Vogts fürs Fernsehen auferstehen, und er hatte seine eigene, höchstpersönliche Vorstellung.

Wäre dieser Berti Vogts nun einer jener Stars, die mit Raffinesse und Berechnung an der Werbung für die eigene Person arbeiten, die stets das beste Stück vom Kuchen für sich herauszusuchen wissen und die jede Situation mit dem nüchternen und vorausplanenden Sinn des Geschäftsmannes meistern, dann dürfte man wohl annehmen, daß Berti Vogts das Versteckspiel mit Bedacht betrieben hätte.

Wer freilich meine Vogts-Geschichte bis an diese Stelle aufmerksam gelesen hat, der weiß genau, daß unserem Helden solche Durchtriebenheit nie in den Sinn käme. Denn Berti Vogts ist im Grunde so geblieben, wie er stets gewesen ist, damals in Büttgen, als er auf der Kegelbahn trainierte und nach Duisburg zum Trainer Murach fuhr, um ein Fußballspieler zu werden.

Was nun diese Nacht im Frankfurter Airport-Hotel

anlangt, die Nacht, in der Borussia Mönchengladbach ihre zweite Meisterschaft feierte, so war sie weder für den Schlaf-Apostel Vogts noch für seine Kollegen zum Schlafen da. So zwischen zwölf und eins grinste Berti Vogts: „Ganz Büttgen feiert jetzt, und da soll ausgerechnet ich ins Bett?"

Statt ins Bett ging Berti dann in den Nachtklub des feinen Hauses, der den märchenhaften Namen Montgolfiere trägt und getreu seinem Namen auch ein überaus märchenhafter Ort ist. Ein Platz jedenfalls, wo man feiern, wo man in den Gondeln imaginärer Luftballons sitzen kann und somit alle Voraussetzungen hat, die Erde zu verlassen und seinen Träumen nachzufliegen.

Berti Vogts sagte dem Barmixer, er möge ihm eine Reihe Whiskys fertigmachen. Aber vom besten bitte. Und er möge weiter ein paar Flaschen Cola und Wasser bereitstellen, des weiteren Eis. Und was sonst noch zu einem rechten Whisky gehört. Und dann ließ er die Batterie langaufgeschossener Gläser schön in einer Reihe aufmarschieren, und jeder, der ihm Gesellschaft leisten mochte, bekam eines davon in die Hand gedrückt. Berti indes hielt sich die halbe Nacht lang an einem einzigen Glase fest und beobachtete mit größter Genugtuung, wie alle seine Freunde (und davon hat ein Mann wie Vogts Dutzende, zumindest Dutzende, die sich seine Freunde nennen oder dafür halten), wie sich also alle seine Freunde zur Feier des Tages und des zweifachen Deutschen Meisters Berti Vogts aus Büttgen bei Neuß langsam, aber sicher betranken, derweil er selbst auch nicht die kleinste Polizei-Tüte hätte verfärben können.

Morgens dann, es war so gegen vier, draußen wurde es hell, drüben am Flughafen wurde die Nachtbefeuerung blaß, und die ersten Jumbos aus Amerika erschienen auf den Radarschirmen, zu dieser für ihn recht ungewohnten Zeit also steuerte Vogts jenen Hafen an, in dem man ihn schon vorher vermutet hatte: das Bett.

Denn um diese Zeit, so darf man annehmen, hatten auch die Leute in Büttgen ihren „berühmtesten lebenden Sohn" ausgiebig gefeiert und waren in die Betten gekrochen, um vor der Sonntagsmesse in St. Aldegundis noch ein bißchen zu schlafen.

Also durfte auch Berti ins Bett.

Draußen saß Hennes Weisweiler, sein Trainer, und sagte: „Berti, mein Junge, bist du auch noch wach?", gab seinem Jungen einen Klaps, und als Berti gegangen war, beugte sich Weisweiler über den Tisch, kniff die Augen zusammen und fragte:

„Was glaubst du wohl, wen man diesmal zum Fußballer des Jahres wählen wird?"

Als er nicht sofort eine Antwort auf diese Frage bekam, schaute er um sich, als habe er es mit lauter Schwerhörigen, leicht Geistesgestörten oder Denkfaulen zu tun. Erst als einer sagte: „Der Berti müßte es werden, der hat es verdient", da griff der Weisweiler glückselig zu seinem Glas und hätte seinem Gegenüber am liebsten den Fußball-Doktor ehrenhalber verliehen.

Das ist nun schon geraume Zeit her, und Berti Vogts ist Fußballspieler des Jahres geworden. Das war eine rechte Sensation. Denn Männer wie Berti Vogts bekommen solche Ehrentitel selten. Sie rackern such zwar ab ein halbes Leben lang, sie quälen sich, und sie sind die leibhaftige Rechtschaffenheit. Wenn's aber an die Titel geht, mit denen sich einer schmücken kann, dann haben meist die andern die Nase vorn. Und damit ist gar nichts gegen diese anderen gesagt, sondern nur etwas für Männer wie Berti Vogts, denen das Schicksal meist eine ungebührliche Last auferlegt. Mehr Last, weil sie mehr arbeiten müssen als die andern und trotzdem den Lohn und den Ruhm nicht so reichhaltig einfahren dürfen wie diese.

Daß Berti Vogts gerade in diesem Jahr, 1971, zum Top-Fußballer gewählt wurde, war überaus typisch und gewiß auch sehr hilfreich für das Fußball-Geschäft. Ein gewisser Canellas hatte nämlich (übrigens am sonnigen Vormittag nach Bertis Whisky-Nacht von Frankfurt) den sogenannten Bundesliga-Skandal aufgedeckt. Mit einem Schlage, über Nacht, war aus dem scheinbar so sauberen Fußball-Geschäft ein mieser Laden, ein Morast, ein Dschungel von Bestechung, Betrug, Schiebung und Lüge geworden. Es ging steil bergab mit dem Fußball. Rettung, einen Retter, schien es nicht zu geben.

Typen wie Berti aber waren Strohhalme in diesem Strudel. Deshalb war seine Wahl ein Glücksfall. Im rechten Augenblick, vielleicht im letzten, wurde ein junger Mann zur Idealfigur erkoren, dem jeder die Ehrlichkeit glaubte. Dem jeder glaubte, daß er das Geld zwar mochte, daß er aber dafür nicht seine ehrliche Haut verkaufte. Natürlich, auch Berti gehörte damals schon, 1971, zu den Fußball-Kapitalisten, natürlich hatte er Siegprämien schätzengelernt, aber der frühe Reichtum hatte ihn nicht geldgierig gemacht, nicht überheblich, nicht geltungssüchtig, nicht egoistisch, nicht krank im Kopf. Er dachte immer noch zuerst ans Spiel, an den Erfolg und dann erst ans Geld.

Dafür gibt's Beweise.

Erstens: Als er heimkehrte von der Weltmeisterschaft in Mexiko und sein Vertrag mit Mönchengladbach ausgelaufen war, da hätte er darangehen können, auf vieles zu pfeifen und Geld zu machen. Er hatte ein Angebot von Ajax Amsterdam. 300 000 Deutsche Mark für drei Jahre. 300 000 Mark netto, also nicht versteuert, wobei bekanntlich mehr als die Hälfte in die Kassen von Vater Staat geht. Er lehnte ab und unterschrieb für vier Jahre bei Borussia Mönchengladbach. Denn Berti Vogts spielt zwar für Geld, aber nicht um des Geldes willen.

Zweitens: Als Mönchengladbach zum ersten Male im Europa-Cup der Landesmeister spielte und gegen den englischen Meister Everton durch Elfmeterschießen ausgeschieden war, Elfmeterschießen, diese hundsgemeine, unerträgliche, geradezu folternde Nervenprobe, und als alle andern die beiden Fehlschützen Laumen und Müller vorwurfsvoll anschauten, da sagte Berti Vogts: „Ich ziehe den Hut vor jedem, der hier den Mut gehabt hat, einen Elfmeter zu schießen."

Er fluchte nicht, und er hatte kein Wort des Vorwurfs für die Kollegen, obgleich ihm durch deren Versagen eine ganz erkleckliche Summe Geldes verlorengegangen war.

Und als sie dann nach dieser Niederlage in die Kabine kamen, womit wir beim Fall drei angelangt sind, weinend die meisten und nervlich am Ende, ausgelaugt von 120 Minuten Fußball, durchgeschüttelt von einem Spiel, dessen Dramatik kaum zu übertreffen war, und als sie alle auf ihren Bänken hingen, den verlorenen Chancen, dem verlorenen Glück und dem verspielten Ruhm nachtrauernd, und Berti Vogts gewiß am meisten zu kauen hatte, um diese scheußlichen zwei Stunden irgendwo in seinem Innern zu beerdigen, da stand er plötzlich auf und sagte: „Alle mal herhören!"

Sie hörten her und taten ein paar Schritte zur Mitte der Kabine hin, und Berti Vogts sagte: „Ich meine, jetzt ist die beste Möglichkeit, daß wir uns gegenseitig versprechen, wieder Deutsche Meister zu werden."

Sie haben diese Meisterschaft gewonnen. Es war ihre zweite, gleich nach der ersten. Aber das tut eigentlich nichts zur Sache. Ich wollte lediglich aufzeigen, daß Berti mit seinen 168 Zentimeterchen ein Kerl ist, ein Kerl geblieben ist (so muß man wohl sagen), hinter dem sich die anderen verstecken können.

Berti hatte immer eine Leitfunktion, obwohl er nie der Boß, nie der Meister gewesen ist. Bei Borussia Mönchengladbach hatte Günter Netzer das Sagen, in der Nationalelf war es Franz Beckenbauer. Beider Autorität war unantastbar, aber trotzdem brauchten beide diesen Berti Vogts. Als Element der Stabilisierung, als guten und wachsamen Geist sozusagen, als Triebfeder, wenn die anderen den Mut verloren hatten.

Später rückte Berti dann an die Stelle Netzers und Beckenbauers, Borussia Mönchengladbach und die Nationalelf hörten auf sein Kommando, und da wurde plötzlich deutlich, welch langen und gewiß auch schwierigen Prozeß der Selbstverwirklichung Berti Vogts durchgemacht und hinter sich gebracht hatte. Denn um diese Zeit, 1977, als er Kapitän der Nationalelf wurde, war es immerhin erst zwölf Jahre her, daß ein kleiner, schüchterner Junge, sozusagen bei der Tante Maria am Händchen, zu Borussia Mönchengladbach gekommen war, um sich dort als Fußballspieler zu versuchen.

In diesen zwölf Jahren – und davon hauptsächlich während der letzten fünf oder sechs, seit 1971 also – hatte Berti einerseits seine märchenhafte Karriere auf den Höhepunkt gebracht. Auf der anderen, der Rückseite dieser Karriere aber war er reif geworden in vielen bitteren Stunden, durch viele bittere Erfahrungen. Über manches dachte er anders als am Anfang, manches empfand er anders, und ein paar seiner vielen Ideale mochte er auch verloren haben, doch die entscheidenden Elemente seines Charakters waren immer noch dieselben.

Ich will auch das an einem Beispiel zeigen. Die Sache trug sich in den letzten Monaten des Jahres 1977 zu. Die Nationalelf hatte die wichtigste Phase der Vorbereitung auf die Weltmeisterschaft hinter sich gebracht. Den letzten Schliff sollten im Frühjahr 78 die Spiele gegen England, die UdSSR, Brasilien und Schweden bringen.

„Wir sind jetzt schon in unserer Vorbereitung weiter als zur gleichen Zeit vor der WM 74", sagte Berti Vogts,

„aber trotzdem ist noch viel zu tun, sehr viel."

Wenn nun einer gesagt hätte, da solle der Vogts am besten gleich bei sich selber anfangen, hätte er so unrecht nicht gehabt. Denn Berti, am 30. Dezember 1946 geboren, mittlerweile also 31 Jahre alt, hatte in etlichen Bundesligaspielen schwache Augenblicke gehabt, hatte in dem einen oder anderen Länderspiel nicht so makellos, so astrein gespielt, wie das jeder von ihm gewohnt war.

Ging's mit Berti bergab?

Diese Frage hat er sich nicht gestellt, zumindest nicht in diesem Wortlaut. Aber hat auf die schwachen Augenblicke, auf die schwachen Spiele reagiert. Auf seine Art reagiert.

„Das schaffst du nie", hatte beispielsweise der Bruder Heinz-Dieter zum kleinen Berti, Werkzeugmacherlehrling bei Bauer und Schaurte in Düsseldorf, ziemlich verächtlich gesagt, als der die offensichtlich kühne Behauptung aufstellte, er werde alsbald die Prüfung zum Werkzeugmachergesellen ablegen.

Heinz-Dieter hatte gelacht: „Das schaffst du nie."

Und genau das hatte Berti provoziert. Er setzte sich ein halbes Jahr lang auf den Hosenboden, büffelte verbissen, und dann schaffte er die Prüfung.

Ich will damit sagen, daß Berti Herausforderungen braucht, um seine beste Leistung zu erreichen, um alles aus sich herauszuholen. Und das traf auch zu auf diesen Herbst 77, als seine Leistungen plötzlich schwankend geworden waren.

Um nichts in der Welt hätte Berti gesagt: Also, meine Herren, ich bin jetzt 31, fast 31, ich bin ziemlich verschlissen, und deshalb sollen die in Argentinien ruhig ohne mich spielen, ich werd's verschmerzen.

Nein, den Zeitpunkt für eine solche Rede sah Berti noch nicht gekommen. Er hatte ihn für Herbst 1978 geplant, nicht für Herbst 77.

Entsprechend reagierte er. Er ließ sich von Kopf bis Fuß untersuchen, Herz, Kreislauf, Lunge, Knochen sowieso, und so weiter. Und als der Befund von oben bis unten o.k. war, klotzte Berti im Training, als sei er 21 und nicht 31.

Mehr noch: Er versenkte sich derartig in die Arbeit, daß er alles andere aus seinem Leben strich. Alles, auch die geschäftlichen Nebensächlichkeiten, die mitunter mehr Geld bringen als die Kickerei.

Und da bin ich am Kern dieser Geschichte: Berti Vogts strich auch eine Serie von dreißig Autogrammstunden, die ihm insgesamt runde 100 000 Mark eingebracht hätte.

Das muß sich einer vorstellen: Berti läßt 100 000 Mark sausen, wo ihm jeder gesagt hätte, daß ein solcher Verzicht gar nicht nötig sei. Denn seinen Platz in der Nationalelf würde er jetzt, vor der Weltmeisterschaft, nie und nimmer verloren haben. Helmut Schön hätte auf Vogts gar nicht verzichten können, weil Vogts für das seelische Gleichgewicht, für die psychologische Betreuung, für die sogenannte „innere Führung" der Mannschaft unersetzlich war. Außerdem: Hätte es nicht in den ersten Monaten des neuen Jahres, in den Trainingslagern, speziell in den rund drei Wochen der allerletzten Vorbereitung in Malente, genug Gelegenheiten und Möglichkeiten gegeben, den alten, den gewohnten Leistungsstand zu erreichen?

Aber nein, das alles mochte er wohl bedacht haben, zählen tat nichts davon für Berti. Er vergaß die 100 000 Mark und dachte nur noch an Fußball. Er ochste und er schuftete, als müsse er ganz von vorne anfangen.

Die Fron, die sich Berti Vogts seines Ehrgeizes wegen auferlegte, ging und geht sehr oft über die Grenzen der Selbstkasteiung hinaus, und wer diesen Fußballspieler Vogts nicht ziemlich genau kennt, dem muß dieser Ehrgeiz unverständlich, ja unnatürlich erscheinen.

„Das ist schlimm", sagt Berti, „wenn wir ein Spiel

verloren haben, kann ich oft zwei, drei Nächte nicht schlafen. Der Magen tut mir weh, ich kann kaum was essen, ich schleppe mich dahin und zermartere mir das Hirn."

Noch schlimmer ist es allerdings, wenn Berti Vogts einen Gegenspieler hatte, den er nicht bezwingen konnte, der ihm davongelaufen ist, der ein oder womöglich sogar zwei Tore geschossen hat. In solchen Fällen gerät Vogts in tiefe Depression.

„Er sitzt dann tagelang völlig niedergeschlagen herum", entsinnt sich Günter Netzer, „er ist von niemandem anzusprechen. Berti Vogts betrachtet es beinahe als persönliche Beleidigung, wenn sein Gegner einen besseren Tag erwischt hat als er."

Netzer bewundert diese Eigenschaft keineswegs. „Ich halte diese Art und dieses Ausmaß der Selbstkritik für übertrieben", sagt er.

Wie bei allen anderen Dingen gibt es natürlich einen tieferen Grund für Bertis Ehrgeiz und seinen selbstzerstörerischen Schmerz, wenn dieser Ehrgeiz, stets der Bessere zu sein, einen leichten Kratzer erhalten hat. Eigentlich ist die Ursache dafür sogar leicht auszumachen.

Berti Vogts, der Junge aus dem Dorf Büttgen, der sich sozusagen von Kindesbeinen an durchbeißen mußte, der immer und überall der Kleinste war, den sie wieder heimschickten, als er zum ersten Male beim VfR Büttgen vorstellig wurde, der nichts hatte (noch nicht mal Vater und Mutter), der schon froh sein mußte, wenn er geduldet und nicht das fünfte Rad am Wagen war, der nicht gesegnet und geküßt war von irgendeiner Muse (noch nicht mal von der des Fußballs), dieser Berti Vogts hatte, im Laufe der Jahre natürlich, den Fußball zur Stütze seines Selbstbewußtseins gemacht. Durch den Fußball hatte er seine Persönlichkeit entfalten können, seiner Erfolge im Fußball wegen war er beachtet, gelobt, geschätzt worden.

Weil er ein guter Fußballspieler war, galt er etwas. In Büttgen, dann über die Grenzen Büttgens hinaus, in Mönchengladbach, dann über die Grenzen Mönchengladbachs hinaus. Instinktiv fühlte Berti: Ohne Fußball wäre ich ein Niemand geblieben, ein braver, fleißiger, rechtschaffener Werkzeugmacher, gut und wohl, aber eben ein Niemand. Durch den Fußball dagegen hatte er eine Position in der Gesellschaft erlangt, die mit allgemeiner Achtung und Wertschätzung verbunden ist.

Sobald nun sein Erfolg im Fußball nicht mehr eindeutig erkennbar, womöglich in Frage gestellt ist, sieht Berti Vogts die Basis seines Selbstbewußtseins gefährdet. Unbewußt fürchtet er den Rücksturz ins Nichts, aus dem er gekommen ist.

Das hat mit Geld nichts zu tun, natürlich nicht. „Wenn ich mich ein bißchen einschränken würde, hätte ich heute schon genug, von dem ich leben könnte. Arbeiten müßte ich nie mehr", hat Berti gesagt, als er dreißig geworden war. Nein, Geld spielt da keine Rolle. Es ist das Gleichgewicht seiner Persönlichkeit, die Stütze seines Ichs, die in die Brüche gehen, wenn ihm einer in der Fußball-Arena auf der Nase herumtanzt.

Auch dafür gab es ausgangs 1977 ein gutes Beispiel. Die Nationalelf spielte in Dortmund gegen Wales. Um die Zeit aber war Borussia Dortmunds Außenverteidiger Huber von Spiel zu Spiel besser geworden, und nicht nur die Dortmunder, sondern auch die objektiven Beobachter hatten die Überzeugung erlangt, daß dieser Huber zumindest in seiner Offensiv-Wirkung ein ganz vorzüglicher Verteidiger sei.

Bei Borussia Dortmunds Heimspielen hatten es sich die Fans (genauer gesagt: ein Teil davon) angewöhnt, eine gute Aktion des Lothar Huber mit Sprechchören zu belohnen. „Huber für Berti, Huber für Berti", brüllten sie dann.

Deshalb fürchtete Berti durchaus zu Recht, daß die Dortmunder dieses im Grunde läppische Gebrüll auch während des Länderspiels anstimmen würden, sobald ihm eine Aktion danebenginge. Und diese Gewißheit brachte ihn in den Tagen vor dem Spiel an den Rand eines Nervenzusammenbruchs.

„Das wird mein schwerstes Länderspiel. Ich bin nicht in bester Form, nicht ganz fit, und da ist es Gift, die Fans gegen sich zu haben", sagte er. Fahrig und gedankenverloren wirkte Vogts in den Tagen vor dem Spiel.

Helmut Schön schaltete sich ein, schwenkte auf Offensive um, ließ seinen Unmut und Bertis Kummer in die Zeitung drucken. „Was man da mit Berti macht, ist gar nicht nett, das hat er nicht verdient", sagte Schön, und gleichzeitig redete er seinem Kapitän gut zu. Weil die Zeitungen davon schrieben, bekam Berti am Tage des Spiels aufmunternde Telegramme aus allen Himmelsrichtungen, sein Club-Trainer Lattek telefonierte lange mit ihm, Helmut Schön sagte ihm auch noch ein paar gute Worte.

Und dann bot Vogts eine perfekte Leistung, hatte den überwiegenden Teil der Fans hinter sich. Sobald die einen mit „Huber für Berti" anfangen wollten, pfiffen die anderen. Am Ende hatte Berti auf der ganzen Linie gewonnen.

Übrig freilich blieb trotzdem die Erkenntnis, daß der Berti zwar auf dem Rasen ein harter Knochen ist, daß er aber innen drin gar nicht so hart, im Gegenteil, daß er dort ziemlich weich und wackelig ist.

„Ich weiß, ich weiß", sagt er, „das ist eine Sache des Selbstvertrauens."

„Mensch, Berti", sagte ein Freund, „du mußt dir ein bißchen häufiger das Bild anschauen, das sie am 7. Juli 1974 im Münchener Olympiastadion geknipst haben. Da bist du auch drauf, und falls du es vergessen hast: Ich meine das Foto der Weltmeister."

„Schon gut, schon gut", sagte Berti, „ich weiß das auch. Ich bin Weltmeister, aber was nutzt mir das? Jedes Spiel ist ein neues Spiel, und schlafen kann ich trotzdem nicht, wenn ich ein Spiel verpatzt habe."

Verdammt noch mal, Gerd Müller hat gesagt: „Der Vogts, wenn du gegen den spielen mußt, der kommt über dich wie ein Naturereignis." Und dieser Vogts hat immer noch Augenblicke, in denen ihm die Muffe eins zu hunderttausend geht?

Aber vielleicht muß das so sein, vielleicht ist dieses „Ausmaß an Selbstkritik", wie Günter Netzer sagte, ein Produkt des Selbsterhaltungstriebes. Ich habe eben gesagt, Berti brauche die Herausforderung, den Anreiz, Unmögliches zu schaffen. Und aus dieser Sicht werden natürlich seine bitteren Stunden gleichzeitig die Geburtsstunden neuer Taten, neuer Siege.

Karriere

Märchen-Karriere, das heißt nicht Bonbon-Karriere. Bittere Stunden, damit hat es eigentlich schon angefangen, und gleich an diesem Anfang wurde Berti Vogts derart schmerzhaft an einer seiner empfindlichsten (zumindest damals noch) Stellen getroffen, daß ihm eigentlich die Lust hätte vergehen müssen. Aber da trat dieser Mechanismus in Kraft, den schon der Bruder benutzt hatte: „Berti, das schaffst du nie..."

Der Anfang also, der Anfang der internationalen Laufbahn. Das war am 3. Mai 1967. Bundestrainer Schön hatte Berti ins Aufgebot geholt. Der Kölner Wolfgang Weber war verletzt. Ein empfindlicher Verlust, denn an diesem 3. Mai hatte die Nationalelf in Belgrad gegen Jugoslawien zu spielen, eines der Gruppenspiele innerhalb der Europameisterschaft.

„Der Neuling Vogts", schrieben die Zeitungen, Berti war kein Neuling für Schön. Immerhin hatte der Bundestrainer etliche Lehrgänge der westdeutschen Jugend-Auswahl besucht, die von Dettmar Cramer geleitet wurden, und da war Berti schließlich eine der wichtigsten Figuren gewesen. Außerdem hatte er im UEFA-Turnier gespielt – und so weiter.

Aber auf dieser Bühne, in der Nationalelf, da war Berti ein Frischling, für die Masse der Fans war er neu. Erst sein jüngster Erfolg hatte ihn ins Blickfeld (und in die Nationalelf) gebracht: Mönchengladbach hatte in München gegen die Sechziger gespielt und Berti Vogts gegen

Münchens Spielmacher Hennes Küppers. Der gute Küppers hatte da nicht viel Gelegenheit zum Spielmachen gehabt.

Ich will's kurz machen. Berti muß in Belgrad gegen den gefährlichsten Mann der Jugoslawen spielen, gegen Josip Skoblar. Ein quirliger Außenstürmer ist das, und ein Torjäger, und ein ganz raffinierter Fuchs im Zweikampf. Berti macht seine Sache recht gut. Wenn man berücksichtigt, daß es sein erstes Länderspiel ist, sogar sehr gut. Fast ist schon alles gelaufen, da passiert's: Skoblar köpft, 1:0 für die Jugos, und dabei bleibt es. Die Nationalelf verliert, die Europameisterschaft geht ohne sie weiter.

Kopfballtor, das ist besonders bitter für Berti. Hätte Skoblar ihn ausgetrickst, wäre er ihm davongerannt, okay, das kann jedem passieren. Manchmal gerät man im Zweikampf in solch vertrackte Situationen. Aber Kopfball? Kopfballtor gegen einen Bewacher, der nur 168 Zentimeter mißt?

Es kam, wie Berti gleich nach dem Spiel befürchtet hatte. Er habe sich angestrengt, schrieben die Zeitungen, und er sei gewiß kein schlechter Verteidiger, aber für internationale Aufgaben sei er doch wohl ein bißchen zu klein (womit sie ,,zu kurz" meinten).

Das traf Berti voll in die Magengrube. Denn genau das hatten sie ihm in Büttgen gesagt, als er mit seinen acht Jährchen in die Jugendabteilung aufgenommen werden wollte.

,,Geh nach Hause und wachs noch ein bißchen." Gut, damals konnte er noch wachsen. Doch jetzt, nach dem Spiel gegen Jugoslawien, war er zwanzig. Wächst man noch mit zwanzig?

Berti hat den Kummer lange mit sich herumgeschleppt, aber im Grunde hat ihn dieser Kummer nie wirklich niedergeworfen. Im selben Augenblick, wo er jammerte: ,,Ich schaff's nie", knurrte er: ,,Und ich schaff' es doch."

Damals in Belgrad machte Berti eine Erfahrung, die er erst zehn Jahre später in Worte faßte, als er alt und erfahren genug war, um sicher zu sein, daß er ernst genommen würde. Er sagte: „Das Gerede von der besseren Taktik, vom ausgeklügelten Plan, das ist alles ziemlich weit hergeholt, ist meistens gar nicht so schwerwiegend. Im heutigen Fußball gewinnt die Mannschaft, deren Spieler die meisten Zweikämpfe gewinnen."

Nun, das ist zwar eine alte Weisheit, aber lange Zeit hat sich niemand getraut, diese Weisheit so rücksichtslos auszusprechen. Immerhin brauchen viele Trainer das Gerede von ihrer genialen Taktik, um hinterher ihres Anteils am Sieg sicher zu sein.

Aber ich will die Taktiker nicht auf die Palme bringen. Sagen wir so: Wer die Zweikämpfe verliert, dem nützt die beste Taktik nichts, und wer die Zweikämpfe gewinnt und trotzdem herumrennt, als hätte er ein Brett vor dem Kopf, dem nutzen auch die vielen Einzelsiege nichts.

Recht hat Berti trotzdem: Eine Taktik kann erst anfangen zu wirken, wenn die wichtigsten Spieler ihre Zweikämpfe gewinnen.

Der Zweikampf, darauf reduziert sich für Berti ein Fußballspiel in erster Linie. Er genießt das Gefühl, allmählich Überlegenheit zu gewinnen gegen einen Mann, zu spüren, daß dessen Schnelligkeit nicht ausreicht, daß er ihn packen kann, daß er ihm den Ball abjagen kann und dann zu merken, wie der Gegener langsam, von Minute zu Minute, zaghafter wird, wie er sein Selbstvertrauen verliert, wie sein Atem kürzer wird, seine Augen unstet, seine Bewegungen fahrig, unkontrolliert.

„Dann spüre ich: Ich hab' ihn", sagt Berti.

Ich will gar nicht zimperlich sein: Darin liegt sehr viel von der Brutalität des Kampfes Mann gegen Mann. „... wenn du das Weiße im Auge des Gegners siehst ..." Auge um Auge, Zahn um Zahn, den Skalp am Gürtel, kein Pardon, aufs Pflaster mit ihm, und er röchelt immer noch...

Und dann hinterher die Friedenspfeife rauchen...

Mein Kollege Jacques Thibert von „L'Equipe" hat den Kampf geschildert, den Berti mit dem Engländer Kevin Keegan beim Europacup-Finale zwischen Borussia Mönchengladbach und dem FC Liverpool in Rom ausgefochten hat. Berti habe sein ganzes Waffen-Arsenal ausgepackt, beobachtete Thibert, und er habe oft genug die Grenze dessen gestreift, was man in einem solchen Kampf für erträglich und erlaubt halten dürfe. Aber am Ende hätten die beiden doch die Friedenspfeife geraucht, Berti habe, nachdem er und Keegan zu Boden gestürzt seien, im Aufstehen seinen Arm um die Schulter Keegans gelegt, in einer Geste der Freundschaft, gleichsam um Verständnis bittend, und Keegan habe diese Geste erwidert.

Es wurde da etwas sehr Wichtiges beobachtet, mein' ich. Nämlich die große Bedeutung des Friedensschließens nach dem Duell. Die geradezu unabdingbare Voraussetzung, daß sich hinterher wieder vertragen wird, daß man sich die Hand schüttelt und „alles ist vergessen", die Produktion des himmelschreienden Selbstbetrugs sozusagen.

Denn natürlich ist nichts vergessen, gar nichts. Nicht die blauen Flecken, nicht die Schürfwunden, nicht die schmerzenden Rippen, schon gar nicht der gestauchte, geprellte oder schlimmstenfalls gebrochene Knochen. Gar nichts.

Vor allem – und da ist Berti wohl das gültigste Beispiel –, vor allem ist der Ausgang des Duells nicht vergessen. Daß Berti Vogts den Zweikampf mit Kevin Keegan verlor und damit ziemlich maßgeblich an der Niederlage seiner Mannschaft Anteil hatte, kann und wird und will er nicht vergessen. Und weil seine Mannschaft, seine geliebte Borussia, an diesem Maientag auf dem Gipfel angekommen war, aber das Finale gegen die Briten 1:3 verlor, also von diesem Gipfel abstürzte in letzter Sekunde, wird Berti gewiß bis an das Ende seiner Laufbahn an Keegan denken, und zwar mit gemischten Gefühlen. Vergessen, daß ein gewisser Keegan mit seinen Tricks wesentlich zu Liverpools Sieg beigetragen hat? Ihm ehrlichen Herzens gratulieren? Das ist wohl zuviel verlangt!

Aber, wie gesagt, dieses Aussöhnen, Friedenspfeiferauchen, Händeschütteln, dieses „gute Miene zum bösen Spiel" gehört dazu, und wahrscheinlich ist es sogar gut, daß die Anstandsregeln des Fußballs solche Unehrlichkeit verlangen. Sie machen diese Kämpfe Mann gegen Mann, Kämpfe bis aufs zwar unsichtbare, aber dennoch schneidend scharfe Messer, erst möglich.

Denn es sind ernste, ernsthafte, erbitterte Kämpfe, kein Spaß, kein Spiel, aber am Ende muß die Posse retten: Ätsch, es war ja doch nicht so gemeint, wir sind Freunde, gute Freunde. Komm Kevin, laß dich küssen...

Willi Schulz, auch ein Fachmann in Zweikämpfen, Haudegen in 66 Länderspielen, davon gut zwanzig zusammen mit Berti Vogts, empfand Bertis Duell mit Keegan als einen „Opfergang, denn ich weiß", schrieb Schulz in einer Tageszeitung, „wie einsam und verlassen ein Abwehrspieler in einem so entscheidenden Spiel sein kann, wenn er gegen einen Weltklassestürmer wie Kevin Keegan antreten muß und, obwohl er sein Bestes gibt, ihn doch nie entscheidend bremsen kann. Berti Vogts war gegen Keegan einfach überfordert. Vor allem deshalb, weil der Engländer in der besseren Mannschaft stand. Um nämlich einen internationalen Star wie Keegan, der in jeder Situation einen neuen Einfall hat, wirkungsvoll zu bekämpfen, bedarf es der Hilfe der gesamten Mannschaft, aber Berti wurde in Rom alleingelassen. Ich kenne die Angst des Abwehrspielers vor dem nächsten Zweikampf, wenn man schon vorher fühlt, daß man ihn verlieren wird. Am liebsten möchte man weglaufen oder sich verstecken wie alle anderen. Denn im gleichen Maße, wie man resigniert, bekommt der Gegenspieler Aufwind."

Gegen Keegan, das war eines der Duelle, die Berti schlaflose Nächte und Magenschmerzen bereiteten. Immerhin hatte ganz Europa zugeschaut. Europacup-Finale, das ist das Top-Ereignis der internationalen Club-Wettbewerbe. Und da zu verlieren, als Team und als Einzelkämpfer, tut weh, fürchterlich weh.

Wenden wir uns deshalb glücklicheren Stunden, glücklicheren Zweikämpfen zu. Es könnte sonst der Eindruck entstehen, Bertis Ruhm als Abwehrspieler, als Gegner der gefährlichsten Stürmer aller Kontinente, als Bezwinger der berühmtesten unter ihnen, sei das Werk eines guten Werbe-Mannes.

Nein, so fürchterlich deprimierende Spiele wie jenes in Rom sind selten gewesen in Bertis Laufbahn. Aber gerade deshalb wurde über sie mehr gesprochen und geschrieben als über die Triumphe des Berti Vogts.

Erinnern wir uns an ein paar davon. Zum Beispiel an das Spiel gegen die Schotten am 22. Oktober 1969. Die Nationalelf mußte gewinnen, um bei der Weltmeisterschaft in Mexiko dabeizusein. Hamburg fieberte. Der Name, der am häufigsten in den Schlagzeilen genannt wurde: Johnstone, schottisches Irrlicht, ein Derwisch, ein rasender Zwerg, ein Mann mit tausend Tricks.

Als die neunzig Minuten vorüber waren, hatte die deutsche Mannschaft 3:2 gewonnen, und aus dem Irrlicht war eine brave Laterne geworden. Berti hatte diesen Johnstone weichgeklopft.

Gehen wir nach Mexiko, zur Weltmeisterschaft. Da hat Berti einen nach dem anderen abgehakt wie der Milchmann seine Kunden.

Zum Beispiel diesen Engländer Peters. Heiß wie die

Hölle brannte die Sonne mittags um zwölf über dem Stadion von Leon. Eine Stunde lang liefern sich Vogts und Peters einen Fight, der einen abendfüllenden Film hergeben würde.

Eine Stunde lang ist Berti dem Peters auf den Fersen, verfolgt ihn wie ein Bluthund, beschattet ihn wie einer von Scotland Yard, einen Zweikampf nach dem anderen gewinnt Vogts, und allmählich wird der flinke Peters langsamer, er sinkt in sich zusammen wie ein Luftballon, der tausend Nadelstiche gekriegt hat. Nach einer Stunde nimmt Englands Trainer Ramsey seinen Peters vom Rasen.

Für Berti ist das Triumph und Schreck gleichermaßen. Wenn Peters aus dem Spiel genommen wird, bedeutet dies nämlich nichts anderes, als daß ein neuer, ein frischer Mann kommt. Und dieser neue Mann ist nicht irgendeiner, sondern Allan Ball. Ein rothaariger Bursche, der noch schneller rennt als Peters, der im Zweikampf gerissener ist und härter. Bis zur neunzigsten Minute hält Berti diesen Allan Ball in Schach, dann gibt's Verlängerung, noch mal dreißig Minuten also, und auch da macht Allan Ball nichts kaputt. Die deutsche Mannschaft gewinnt 3:2.

Für Vogts freilich ist das Resultat geradezu grandios: innerhalb von zwei Stunden hat er bei glühender Hitze zwei Weltklassespieler, zwei britische Weltklassespieler, auf Normalformat zurückgestutzt. Und drei Tage später spielt er gegen die italienische Schußkanone Gianni Riva. Der Mann ist in seinem Lande eine Art Helmut Rahn. Riva ist für Tore zuständig, und er liefert sie. Riva, das ist ein kraftvoller Stürmer, nicht unbedingt der italienische Typ. Gradliniger vielmehr, mit einem für Italiener ziemlich untypischen Drang zum Tor.

Das besonders Fatale für Berti: Riva überragt ihn um mehr als einen Kopf. Eigentlich ist es ein ungleicher

Wettkampf. Wie soll Berti diesen Funkturm zum Schweigen bringen?

Nun, die Italiener gewinnen das Spiel zwar nach Verlängerung 4:3, erreichen das Finale, doch Rivas Spiel ist diese Partie nicht gewesen.

Ein Tor schießt er, und das ist wenig für einen Mann wie Riva. Auch die Italiener sind dieser Ansicht, rümpfen die Nase und geben auf diese Weise zu, daß Berti auch das Duell mit Riva gewonnen hat.

Vier Jahre später, Weltmeisterschaft in der Bundesrepublik. Sämtliche Spiele, sämtliche Duelle verblassen schon im selben Augenblick, wo Berti sie bestanden und hinter sich gebracht hat. Jedes Spiel, jedes Duell, jeder Schritt, den er auf dem Rasen tut, bringt ihn nur dieser einen Auseinandersetzung näher, die alles in den Schatten stellt, die für Berti – ja, wie soll man es sagen –, die für Berti, aus seiner Sicht beurteilt, Leben oder Sterben bedeutet. Die deutsche Elf hat das Endspiel um die Weltmeisterschaft erreicht, und in diesem Endspiel soll der deutsche Abwehrspieler Vogts den Holländer Johan Cruyff ausschalten.

Cruyff – der Name genügt, oder muß ich mehr sagen? Cruyff, das ist in diesem Falle Holland. Cruyff, das ist für die holländische Mannschaft mehr als Beckenbauer für die deutsche. Cruyff, das ist Hollands Spielmacher, aber dieses Wort, dieser Begriff reicht nicht aus, um zu erläutern, welche Rolle Cruyff in der holländischen Elf spielt. Cruyff befähigt die Holländer, Top-Fußball modernster Prägung zu spielen. Ohne Cruyff sind die Holländer eine recht passable, aber im Grunde kaum überdurchschnittliche Mannschaft. Cruyff ist (und ich gebrauche das Wort ganz bewußt) ein Phänomen.

Wie Bertis Nerven in den Tagen vor dem Spiel die Belastung ausgehalten haben, ist mir ein Rätsel. Denn daß er gegen Cruyff spielen sollte, bedeutete: Würde er

Mittel und Wege finden, die Wirkung Cruyffs, dessen spielerische Kraft, dessen gestalterischen Einfluß auf das Spiel der holländischen Mannschaft einzudämmen, womöglich zu beschneiden, hätte die deutsche Elf die wichtigste Voraussetzung für den Gewinn der Weltmeisterschaft. Würde Vogts allerdings scheitern an seiner Aufgabe, wäre ein Sieg der Holländer wohl unvermeidbar.

Damit muß einer essen, schlafen, spazierengehen, Filme anschauen, sich entspannen, lesen, plaudern, Autogramme schreiben, atmen, Autobus fahren, und er muß ständig ein Gesicht zur Schau tragen, das die innere Spannung nicht widerspiegelt.

Denn solche Spannung, Unruhe, Nervosität, Ungeduld würden dem Mann unweigerlich als Schwäche ausgelegt.

In der deutschen Mannschaft waren sich alle einig, daß nur Berti Vogts in Frage komme, wenn ein Widerpart für Cruyff gesucht würde. ,,Nur Berti Vogts hat das Zeug dazu, dem besten Stürmer der Welt das Finale zu verderben", sagten Franz Beckenbauer und Wolfgang Overath übereinstimmend. Und sie waren sich auch einig über die Art und Weise, wie man Cruyff beikommen könne. ,,Er muß neunzig Minuten lang hautnah gedeckt werden", sagte Beckenbauer, und Overath ergänzte, der Holländer müsse neunzig Minuten lang den Atem seines Gegners im Nacken spüren.

Einen Tag vor dem Endspiel sprach ich mit Vogts. Ich hatte den Eindruck, daß Berti dem größten und wichtigsten Duell seiner Laufbahn weder siegessicher noch bang entgegenschaute. Er erwartete die Auseinandersetzung mit gemischten Gefühlen sozusagen.

,,Gegen Cruyff", sagte Vogts, ,,kann auch der beste Mann schlecht aussehen." Und weiter: ,,Es ist nicht leicht, Cruyff beizukommen. Der Holländer hat unglaubliche Tricks, und in vielen Situationen tut er, was kein anderer Stürmer tun würde."

Berti hatte damals schon die umfangreichste und gewiß auch beste Cruyff-Erfahrung von allen deutschen Spielern. Dreimal schon hatte er gegen Johan gespielt. Zweimal mit den Borussen gegen den Cruyff-Club Ajax Amsterdam, einmal waren die Borussen Sparringspartner der holländischen Nationalelf. Gegen Ajax hatte Mönchengladbach 3:4 verloren und 4:2 gewonnen, das Oranje-Team hatten die Borussen in Rotterdam 1:0 besiegt.

„Aber das alles", sagte Berti vor dem Münchener Finale, „zählt nicht viel. Das waren Freundschaftsspiele, und da reißt sich Johan kein Bein aus. Jetzt, im Finale, wird er spielen, wie er noch nie in seinem Leben gespielt hat."

Berti hatte sich ein genaues Arbeitsprogramm zurechtgelegt. „Wer Cruyff bewacht", sagte er, „muß auch dessen Mitspieler im Auge behalten. Nur dann kann man ahnen, was er tun wird. Cruyff kommt entweder durch die Mitte oder über den linken Flügel. Seine Flanken schlägt er dann nicht mit dem linken Fuß, sondern mit der Außenseite des rechten. Darauf fallen die meisten Abwehrspieler herein."

Über seine Gefühle mochte Berti vor dem Spiel nicht viel reden. Er leugnete nicht, daß die bevorstehende Auseinandersetzung mit dem neben Beckenbauer besten Spieler des WM-Turniers einen gewissen Reiz auf ihn ausübe, er betrachte sie als Herausforderung, aber auch als gefährliches Wagnis, bei dem mit höchstem Einsatz gespielt werde.

„Habe ich Erfolg", sagte Berti, „wird man mich loben. Rennt er mir davon, wird man mich zerreißen." Er wußte, daß er mit vollem Risiko spielen mußte. „Wer gegen Cruyff antritt", sagte er, „der muß damit rechnen, daß er irgendwann die gelbe Karte unter der Nase hat."

Das hatte er denn auch sehr bald, nicht lange nach dem Anpfiff, doch reden wir zuerst noch von den speziellen Vorbereitungen.

Es war nämlich geplant, daß Vogts den Holländer erst hautnah beschatten solle, wenn der über die Mittellinie komme.

Andersherum: Wenn Cruyff sich in die eigene Hälfte zurückzöge, sollte Vogts ihn nur bis zur Mittellinie verfolgen.

„Wirklich gefährlich wird er nämlich erst", sagte Vogts, „wenn das Tor noch dreißig Meter vor ihm liegt. Dann muß man ihn packen, und das möglichst, bevor er den Ball bekommt. Hat er den Ball, ist es meistens schon zu spät."

Diese Art der Beschirmung stand im Widerspruch zu dem, was Beckenbauer und Overath empfohlen hatten, nämlich Cruyff auf Schritt und Tritt zu verfolgen.

Beim letzten Trainingstest vor dem Finale ließ Bundestrainer Schön den Ernstfall imitieren: Er ließ sein Endspiel-Team, die nachmaligen Weltmeister, gegen die Reservisten spielen, und in dieser Reservisten-Mannschaft bemühte sich Günter Netzer, die Spielweise Johan Cruyffs möglichst naturgetreu zu kopieren. Die Öffentlichkeit war ausgeschlossen, der holländischen Spione wegen, und deshalb drang nichts Spezielles, nur Allgemeines und Pauschales über die Zäune der Sportschule Grünwald. Es wurde jedoch berichtet, daß der Test nicht allzu günstig ausgefallen sei, was einerseits ein Kompliment für Günter Netzer war, andererseits jedoch für das Finale keine allzu rosigen Aussichten eröffnete.

Bei der Nationalhymne starrt Berti Vogts mit steifem Nacken geradeaus. Johan Cruyff schüttelt seine Beine, als seien sie ihm zu schwer. Dann verteilt er mit herrischer Geste seine Spieler auf dem Feld. Berti Vogts postiert sich in seiner Abwehr. Er soll ja Cruyff erst packen, wenn der über die Mittellinie kommt.

Das Spiel beginnt, Cruyff stößt den Ball an, und die ersten Sekunden verstreichen. Die Holländer lassen den

Ball gemächlich von Mann zu Mann rollen. Das ist ihr Spiel: langsam, langsam, Versammlung im Mittelfeld, Ballsicherung. Tempodrosseln und dann plötzlich, wie eine Explosion, der furiose Angriff, der Blitzschlag.

Fast dreißig Sekunden sind vergangen, der Ball ist immer noch in holländischem Besitz, kommt zu Cruyff. Und da geschieht die Explosion. Cruyff rast los, überfliegt die Mittellinie, umspielt Vogts, erreicht die Strafraumlinie, und dort steht Uli Hoeneß, das heißt, dort steht das Bein von Uli Hoeneß.

In hohem Bogen stürzt Cruyff über dieses Bein hinein in den Strafraum. Kein Zweifel, Elfmeter. Neeskens läuft an, schlägt den Ball, und in diesem Augenblick sind ganz genau 57 Sekunden des Endspiels verstrichen. Holland führt 1:0.

Die deutsche Mannschaft ist schockiert, gerät in völlige Konfusion, wankt, droht zusammenzubrechen.

Berti versucht, den geradezu euphorisch aufspielenden Cruyff aus seinem siebten Himmel herunterzuholen. Er attackiert ihn, er stört ihn bei der Ballannahme, und Berti Vogts weiß, daß jetzt schon jene Phase des Spiels gekommen ist, in der er alles riskieren muß. Er tut es.

Zwei Minuten nach dem Elfmetertor bringt er Cruyff durch einen regelwidrigen Angriff zu Fall. Der Schiedsrichter präsentiert ihm die gelbe Karte. Die Menschen im Stadion stöhnen auf. Zuerst das Tor und jetzt die Verwarnung für den wichtigsten Mann, für Vogts, den einzigen, der diesen Cruyff auf seinem furiosen Siegesritt noch zu Fall bringen kann.

Vogts sagt hinterher, das frühe Tor und die gelbe Karte hätten ihn erschreckt, aber nicht schockiert. Er sei nicht, wie etliche Kollegen, minutenlang gleichsam gelähmt gewesen, er habe keineswegs, wie das in solchen Situationen häufig geschieht, keinen klaren Gedanken fassen können. Im Gegenteil, er sei sich über seine Lage und die der Mannschaft durchaus im klaren gewesen.

Wohl deshalb traf Vogts in den heikelsten Augenblicken des Spiels die einzig richtige Entscheidung. Er ändert den Plan, er erwartet Cruyff nicht mehr an der Mittellinie, er verfolgt ihn auf Schritt und Tritt, er bleibt an ihm, auf Tuchfühlung, Cruyff spürt Bertis Atem im Nacken, in jeder Sekunde.

Und mehr noch: Berti ergreift, wo er nun schon zwangsläufig immer wieder in die holländische Hälfte des Spielfeldes gerät, selber die Initiative. Er zwingt Cruyff, auf ihn zu achten, er zwingt Cruyff auf diese Weise immer häufiger zumindest moralisch in die Defensive. Das irritiert den Holländer. Das macht ihn verrückt, das führt am Ende dazu, daß er seine Sicherheit verliert.

Natürlich kennt Vogts kein Pardon, wenn sie sich Auge in Auge gegenüberstehen. Berti schöpft den Spielraum der Regeln bis zum Gehtnichtmehr aus, aber er hütet sich vor schwerwiegenden Regelverstößen, vor Fouls. Es ist das Faszinierende an dem Duell. Vogts spielt mit unglaublicher Härte, aber er verliert nie die Kontrolle über sich. So eisern wie seine Knochen ist auch seine Selbstdisziplin.

Cruyff treibt das an den Rand eines Wutausbruches. In der Halbzeit, auf dem Weg in die Kabine, redet er auf den englischen Schiedsrichter Taylor ein, beschwert sich, meckert. Taylor bleibt stehen, legt den Ball aus der Hand, nestelt eine gelbe Karte hervor und streckt sie hinter Cruyff her, als habe der Augen auf dem Rücken. Der Holländer schaut über die Schulter zurück, aber er verzieht keine Miene, verschwindet unter der Tribüne, tobt erst in der Kabine weiter.

Keiner sollte ihm deswegen Vorwürfe machen, denn Cruyff hatte in dieser Halbzeit die Hölle durchgemacht. Das 1:0 wiegte ihn in Sicherheit, aber dann merkte er, wie ihm die Regie des Spiels immer mehr aus der Hand glitt, wie er körperliche und moralische Substanz verlor.

Die Folgen spürte er schmerzhaft: 1:1 durch Breitners Elfmeter, 2:1 durch Gerd Müllers Tor.

Aus dem Zweikampf Vogts gegen Cruyff wird in der zweiten Halbzeit immer deutlicher eine beinahe brutale Prüfung der Nervenkraft. Cruyff gelingt es nicht, sich aus dem Bannkreis des Deutschen zu befreien. Cruyff ist Feldherr nur noch in seinen Gesten, aber diese Gesten werden immer leerer.

Seine Mannschaft spielt jetzt überlegen, drückend überlegen, spielerisch, das wird nun erkennbar, ist sie der deutschen Mannschaft um etliche Schritte voraus. Aber es fehlt dieser Zuschnitt des Spiels, den nur Cruyff vermitteln kann, es fehlt seine Handschrift.

Das Finale von München wird nicht zum Spiel des Johan Cruyff, es wird zum Spiel des Berti Vogts. Als alles verloren schien, behielt Berti klaren Kopf, biß sich durch, begann das Duell mit Cruyff noch weit unterhalb des Nullpunktes. Er stopfte das Leck im wundgeschossenen deutschen Kahn, Franz Beckenbauer brachte ihn dann wieder auf Kurs, und Sepp Maier tötete die tausend Torchancen der Holländer. Diese drei waren die Väter des Sieges, aber Berti war sozusagen der Vater Nummer eins.

Er hatte das Duell seines Lebens gewonnen.

Beim Schlußpfiff rennt er zu Sepp Maier, wirft sich auf ihn, beide kugeln über den Rasen. Helmut Schön jagt nach Berti, fängt ihn, reißt ihn an seine Brust. Ein Stück, ein großes Stück des Welt-Cups gehört Berti Vogts. Er hat seinen Anteil herausgebissen aus dem klobigen Gold.

Selten habe ich mich so sehr über den Erfolg eines einzelnen Mannes gefreut wie an diesem 7. Juli 1974 über Bertis Sieg in einer Kraftprobe, die in ihren schlimmsten Augenblicken die Grenze dessen erreichte, was ein Athlet nervlich aushalten kann.

Gut, nicht der einzelne, die Mannschaft gewinnt das Spiel, völlig richtig. Aber manchmal ist der Anteil eines einzelnen doch größer als der Sieg, geteilt durch elf.

Bertis Anteil jedenfalls war groß genug, um vergangene und künftige Unbill auszugleichen. Denn seine Karriere – ich glaube, ich habe es schon gesagt – hatte in ihrer zweiten Hälfte eine Menge schwarzer Meilensteine.

Das Bild vom jubelnden, vom siegreichen Berti traf und trifft nicht auf alle Lebenslagen zu. Und nicht auf alle Jahre seiner Karriere. Natürlich, zwischen 1970 und 1977 wurde Berti Vogts mit seiner Mannschaft, den Borussen, fünfmal deutscher Meister, in derselben Zeit gewann er einmal den deutschen Pokal und einmal den UEFA-Cup.

Aber zwischen 1967 und 1977 spielte die deutsche Nationalelf dreimal um die Europameisterschaft. Zweimal mit Berti Vogts, einmal ohne ihn. Den Titel gewonnen hat sie nur in dem Jahr, als er nicht dabei war. Das schmerzt, und Berti schmerzte es fürchterlich, weil er mit dem Mißerfolg in mehr oder weniger direkter Verbindung stand.

Vom erstenmal habe ich schon erzählt, von Bertis Debüt 1967 in Belgrad beim Spiel gegen Jugoslawien, als Skoblars Tor – Skoblar war Gegenspieler Bertis – der deutschen Elf das Genick brach. Das andere Mißgeschick passierte beinahe genau zehn Jahre später, wieder in Belgrad. Da verteidigte die deutsche Mannschaft ihren 1972 gewonnenen Titel gegen das Team der CSSR. Die Tschechoslowaken gingen 2:0 in Führung, und eines der beiden Tore hatte Berti auf dem Gewissen, hundertprozentig. Sicher, hinterher erzielten Dieter Müller und Bernd Hölzenbein den Ausgleich, und flöten ging die Europameisterschaft erst beim Elfmeterschießen, aber Berti war sozusagen der Vater der Niederlage.

Wie er das Tor verschuldete? Ganz einfach, es war ein Fehler, wie ihn Anfänger machen. Anstatt den Ball, um ganz sicher zu gehen, vor dem heranpreschenden CSSR-Mann ins Aus zu schlagen oder abzuspielen, ließ sich Berti das Ding vom Fuß nehmen. Das war's. Aber Schwamm drüber.

Berti freilich war auch in dieser Situation ein Kerl. Er versteckte sich nicht. Ein paar Monate später sagte er in einem Interview mit „Bild": „Ja, ich habe im Endspiel gegen die Tschechen schlecht gespielt. Und wenn ich besser gespielt hätte, glaube ich, wären wir Europameister geworden. Aber ich war körperlich ganz unten. Was noch unheimlich auf mir lastet, ist das Tor, das ich gegen die Tschechen verschuldet habe. Wie bin ich eigentlich dazu gekommen, den Ball nicht einfach abzuspielen . . .?"

Körperlich ganz unten, sagte Berti. In dieser Saison, deren letztes Spiel das Finale von Belgrad gewesen ist, hatte Berti 97mal auf dem Rasen gestanden. Bundesliga, deutscher Pokal, Europa-Pokal, Länderspiele, 97mal. Das hält der stärkste Mann nicht aus. Vogts war dreißig Jahre alt, hatte sich also dem Ende seiner Laufbahn bis auf ein kurzes Stück genähert. Der Verschleiß war nicht mehr zu übersehen.

Doch wo soll er anfangen, dieser Verschleiß? Wann ist ein Fußballspieler vom Typ des Berti Vogts kaputt? Nach sechs Jahren, nach zehn Jahren, nach zwölf?

Geredet und geschrieben vom „Vogts, der offenbar am Ende und ausgebrannt ist" wurde schon fünf Jahre vor diesem Tag von Belgrad, im November 1971 nämlich. Da hatte Berti sechs Spielzeiten in der Bundesliga hinter sich, hatte sich in dieser Zeit den Ruf erworben, eisenhart und unverletzlich zu sein.

Seine Rekorde damals waren unvergleichlich: 212 Bundesligaspiele in ununterbrochener Reihenfolge und, noch sensationeller, 39 Länderspiele hintereinander. Berti war ein Dauerbrenner, ein Dauerläufer, nicht kaputtzukriegen. Und wenn er mal humpelte, erschien ihm das nicht als Grund, vor einem Spiel zu passen. Da wurden die Zähne zusammengebissen – und hinein ins Gefecht.

Das war der Berti, und dann kam das verflixte siebte Jahr.

Am 28. August 1971 erleidet er beim Bundesligaspiel in Bochum Blutergüsse am Knöchel und am Spann, eine Reizung der Achillessehne, und am Knie ist auch was. Weil die Borussen ohnehin über die vielen Verletzten klagen, hält Berti durch, spielt noch fast anderthalb Monate. Dann geht es beim besten Willen nicht mehr. Er setzt drei Spiele aus, ist fürs Europacup-Spiel bei Inter Mailand wieder fit, und in Mailand erwischt es ihn wieder: Meniskus eingeklemmt.

Danach tut Vogts, was grundfalsch ist: Er glaubt nicht an eine Verletzung des Meniskus, läßt sich spritzen, wird fit gemacht, er schleppt sich durch die Saison, will die Kumpels nicht im Stich lassen. Das geht bis Februar 1972 so, dann wissen Vogts, sein Trainer Weisweiler und sein Arzt, Professor Schneider, daß ihre Kalkulation falsch war: Berti hält nicht mehr durch bis zum Ende der Saison.

Am 8. Februar wird er in Köln am Meniskus operiert. Damit die Heilung schneller vor sich gehe, fliegt Vogts zu den heißen Quellen der Mittelmeerinsel Ischia. Der Doktor fliegt mit. Wieder zu Hause, kennt Vogts nur ein Ziel: Comeback. Aber er versucht ein Comeback mit der Brechstange. Die Folge: Im Bein platzt eine Vene.

Er ist mit seiner Nervenkraft am Ende, er zweifelt daran, jemals wieder auf einem Fußballplatz zu stehen, er ist bereit, seine Laufbahn als Berufsspieler für beendet zu erklären. Er merkt, wie schnell das Volk seine Helden vergißt. Er ist verschwunden von der Bühne, die Schau geht weiter, und niemand fragt nach ihm. Die Schau kennt nur Stars, die Opfer werden zum Abfall gekehrt.

Abfall? Daß sich dieses Wort nicht in seinem Kopf

eingräbt, hat er schließlich drei Männern zu verdanken: Hennes Weisweiler, Professor Schneider und Helmut Schön. Sie machen ihm immer wieder Mut, und vor allem sind sie in der Lage, dem pessimistischen Patienten zu beweisen, daß es anderen („und mir selber auch", sagt Schön) nach Operationen des Meniskus nicht anders ergangen war: Immer wieder Schwellungen des operierten Knies, immer wieder Rückschläge.

Im Mai endlich wagt sich Berti wieder auf den Rasen, macht sein erstes Bundesligaspiel, verspürt Fortschritte. Die deutsche Mannschaft hat sich für die Finalrunde der Europameisterschaft in Belgien qualifiziert. Bundestrainer Schön holt Vogts ins Aufgebot.

Berti bedankt sich. „Daß der Bundestrainer mich nicht vergessen hat, macht mir Mut. Daß ich dabeisein und auf der Bank sitzen darf, reicht mir schon. Höttges oder Breitner, einen der beiden Verteidiger, kann ich sowieso nicht verdrängen. Der Bundestrainer darf diese erfolgreiche Mannschaft gar nicht ändern. Es ist wahrscheinlich die beste, die wir jemals hatten."

Berti trainiert hart, er will die Zeit nutzen, um den letzten Rest an Leistungsrückstand aufzuholen. Das gelingt ihm. Helmut Schön nominiert ihn für das Finale als Ersatzspieler. Das bedeutet: wird ein Mann in der Abwehr verletzt, hat Vogts sein Comeback.

Doch Vogts kriegt seinen nächsten Nasenstüber: Als seine Kollegen die Schuhe schnüren, um die Russen 3:0 zu schlagen, sitzt Berti reglos auf der Kabinenbank und weint. Das Knie war wieder dick angeschwollen. Berti erlebt das Finale als Zuschauer, ein faszinierendes Spiel, aber statt mit einem der Sowjets kämpft Berti mit den Tränen.

Tief deprimiert kommt er nach Hause. Dort hört er von seinem Professor Schneider, daß es gar nicht außergewöhnlich ist, wenn ein operiertes Knie eine Zeitlang nach der Operation hin und wieder anschwillt. „Außerdem", sagt der Professor zu Freunden, „hätten Sie das Knie mal von innen sehen sollen. Das war fürchterlich." Was der Professor meinte, war dies: Berti hätte schon viel früher zur Operation kommen müssen, hätte nicht seine Gesundheit und seine Karriere aufs Spiel setzen dürfen vor lauter Ehrgeiz.

Deshalb auch, als abschreckendes Beispiel für andere, habe ich die Krankengeschichte des Berti Vogts hier so ausführlich erzählt. Die Moral von der Geschicht' heißt also: Ehrgeiz kann auch gefährlich sein, zuviel Ehrgeiz bedeutet das Glück auf ungebührliche Weise herauszufordern.

Nun, bei Berti ging es glimpflich ab. Am 8. September 1971 hatte er beim 5:0 über Mexiko in Hannover sein letztes Länderspiel gemacht. Am 14. Februar 1973 fängt er bei der 2:3-Niederlage gegen Argentinien in München wieder an. Dazwischen hatte er neun Spiele versäumt und etwas sehr Wichtiges verloren, nämlich den Ruf, bester deutscher Außenverteidiger zu sein.

Jedenfalls mußte Berti (und daran dachte nach dem großen WM-Finale von München und Bertis hinreißendem Duell mit Johan Cruyff keiner mehr) beinahe bis zum letzten Augenblick vor dem WM-Start um seinen alten Verteidigerposten kämpfen. Breitner, Höttges, Kapellmann, Helmut Kremers, ja sogar Bonhof und Cullmann wurden von Helmut Schön auf den beiden Verteidigerposten eingesetzt. Erst sehr spät, im März und April, also zwei bis drei Monate vor dem ersten WM-Spiel, hatten sich Vogts und Breitner als stärkste Außenverteidiger herausgeschält.

Es wäre allerdings übertrieben, würde ich nun behaupten, Berti Vogts selber habe die richtigen Lehren gezogen aus seiner kummervollen Meniskus-Story und der Tatsache, den Weltmeisterschafts-Zug gerade noch im rechten

Augenblick erwischt zu haben.

Denn er erlebt alles noch einmal, es passiert lediglich alles in kürzeren Abständen, im Zeitraffer sozusagen.

Sein Jubiläum, das 75. Länderspiel, wird ihm auf scheußliche Art verdorben. Es ist am 17. November 1976 in Hannover, die deutsche Elf spielt gegen den Europameister CSSR, gewinnt 2:0, aber verliert Berti Vogts. In der 20. Minute reißt die Adduktorensehne in seiner Leiste.

Und wieder hat er schon seit Wochen Schmerzen in der Leiste gehabt, hat genau wie damals sozusagen drüberwegtrainiert. Professor Schneider trennt den Muskel endgültig durch. Nach fünf Wochen beginnt Vogts wieder mit dem Training und übernimmt sich dabei, erleidet eine schwere Bauchmuskelzerrung. „Ich habe Fehler gemacht", sagt Vogts, „ich habe mir beim Training zu viel zugemutet, ich habe zuviel auf einmal gewollt, das rächt sich jetzt."

Seine Rückkehr in Mönchengladbachs Mannschaft verzögert sich noch einmal um drei Wochen. Und er hat Glück im Unglück. Nach seinem verkorksten Jubiläumsspiel in Hannover hat die deutsche Nationalelf die nächste Partie erst am 23. Februar in Paris gegen Frankreich. Und bis dahin ist Vogts wieder auf dem Damm, nimmt seinen angestammten Platz ein, als sei nichts geschehen.

Freilich, nicht alles läuft diesmal so ab wie vier Jahre zuvor. Der Blick in sein zerstörtes Knie war ihm erspart geblieben, Berti lag in Vollnarkose auf dem Operationstisch. Die Reparatur der Leiste zwei Tage nach dem Länderspiel gegen die CSSR erlebt er mit, weil ihn der Professor nur örtlich betäubte.

Damals, nach der Meniskus-Operation, war er nach Ischia geflogen und der Professor war mitgeflogen. Diesmal fliegt er nach Teneriffa, und statt des Professors fliegt Monika mit, seine Zukünftige.

Vor allem das ist typisch für die Veränderung, die mit Berti im Laufe der Jahre vor sich gegangen ist. Damals, nach der Meniskus-Operation, verfluchte er sein Schicksal und stürzte sich verbittert und verbissen in den verzweifelten Wettlauf mit der Zeit und mit der Heilung. Er hatte weder Auge noch Ohr für etwas anderes als Fußball und sein Comeback.

Diesmal schuftet er zwar auch wie ein Berserker, kennt kein anderes Ziel, aber er tut alles gelassener, ein bißchen distanzierter, gelöster. Auf Teneriffa läßt er sich beim Training unter Palmen und beim Wein mit Monika fotografieren. Früher hätte er solche Dolce-vita-Attitüden als Verrat an sich selbst, an seiner Borussia, an der Nationalelf empfunden.

Kein Zweifel, Berti war jetzt 31 und reifer geworden. Er sah manches klarer und manches, das hatte er erfahren, konnte man auch von zwei Seiten betrachten. Daß wir uns recht verstehen: Er hatte keinen Deut von seinem Ehrgeiz, von seinem Pflichtbewußtsein, von seiner Einsatzbereitschaft verloren, aber er war nicht mehr (ich will es mal ziemlich hart ausdrücken) so verbohrt in seine Arbeit, den Fußball, seine Mannschaft, in sich selbst.

Das war einerseits eine natürliche Entwicklung. Auf der anderen Seite gab es jedoch Ereignisse, die tief in Bertis Psyche eingriffen, die seinem Leben einen neuen Inhalt, vielleicht sogar eine neue Richtung gaben, die Berti außerdem ein neues Lebensgefühl verliehen.

Nehmen wir Weisweilers Abschied vom Bökelberg. Für Berti war das, als verliere er seinen Vater ein zweites Mal. „Alles was ich kann, alles was ich bin, verdanke ich Herrn Weisweiler", hatte er gesagt und das war gewiß zum großen Teil richtig. Weisweiler hatte Bertis Leben gezimmert, er riet ihm, den Beruf aufzugeben und Profi zu werden, er gab ihm Selbstvertrauen, dem kleinen verschüchterten Jungen vom Dorf. Weisweiler war Vater,

Lehrer, Freund in einer Person.

Und dann geht Weisweiler, und für Berti bleibt nichts als eine große Leere. Darüber muß er wegkommen, das tut weh, aber am Ende hat er den Nutzen. Plötzlich fühlt er eine Freiheit, die er bisher nicht gekannt hat. Er ist allein – aber frei, und das macht ihn stark genug, Verantwortung zu tragen.

Die beiden Stützen sind weg, Netzer in Madrid, Weisweiler in Barcelona. Jetzt wird Berti Vogts Kapitän der Borussia: alles hört auf sein Kommando.

Oder ein anderes Erlebnis, 1974 schon. Sein Vertrag mit den Borussen läuft aus. Vogts möchte gerne um fünf Jahre, bis 1979, verlängern. Und er möchte seine bisherigen Bezüge, 200 000 Mark im Jahr, bis 1979 gesichert sehen. Kein unbilliges Verlangen. Um die Zeit nämlich ist Vogts neun Jahre bei den Borussen, ist Herz und Seele der Mannschaft und des Clubs. Niemand zweifelt daran, daß er noch mal fünf Jahre machen wird.

Aber Beyer und Grashoff, die Chefs im Club, lehnen ab. Bieten lediglich einen Vertrag auf zwei Jahre. Es fallen harte Worte. Berti nimmt zu anderen Clubs Fühlung auf. Die Borussen kontern, sie setzen die Ablösesumme auf 1,2 Millionen Mark fest, nun wieder kontert Berti: „Dann werde ich eben Amateur." Vorsitzender Beyer: „Soll er doch."

Schließlich werden sie sich doch einig. Aber für Berti war es ein ernüchterndes Erlebnis. So also wurde ihm vergolten, daß er neun Jahre lang seine Knochen hingehalten hatte.

Und drei Jahre später muß er noch einmal kämpfen um sein Recht. Fast zwölf Jahre ist er um diese Zeit schon bei den Borussen und für die Mannschaft wichtiger als jemals zuvor. Aber es gibt Spieler in der Mannschaft, die 100 000 Mark im Jahr mehr verdienen als er.

Solche Erfahrungen machen reifer, aber auch bitterer.

Berti kriegt ein paar steile Falten über den Mundwinkeln.
Aber er wird lebenstüchtiger.

Als Beckenbauer nach Amerika geht, machen ihn Helmut Schön und die Nationalelf zum Kapitän. In seinem 77. Länderspiel, beim 5:0 über Nordirland am 27. April 1977, führt zum ersten Male der Kleinste von allen, führt Berti Vogts die Nationalelf ins Stadion.

„Ich freue mich und ich bin stolz, daß Herr Schön mich zum Kapitän gemacht hat", sagt er. Aber Berti bleibt dabei: Er sei nur Beckenbauers Statthalter, wenn der Franz wiederkomme, werde er sofort zurücktreten von diesem Posten.

Das zu sagen, macht sich gut, ist dem Image zuträglich, Berti weiß das, auch das hat er gelernt.

Das und noch viel mehr.

Zum Beispiel hat er gelernt, nicht mehr zusammenzuzucken, wenn ihn ein Mädchen anschaut. Und er ist nicht mehr zu schüchtern, ein Mädchen vorzuzeigen, er fürchtet nicht mehr, als schlimmer Tunichtgut und Verräter am Sport und der Borussia betrachtet zu werden, wenn er ein Mädchen hat.

Sie heißt Monika Müller und ist Stewardeß in der Prominenten-Lounge des Frankfurter Flughafens. Sie hatte sich um Berti gekümmert, 1974, während der Weltmeisterschaft, nach dem 1:0 der deutschen Mannschaft gegen Polen. Berti war eine Laus über die Leber gelaufen. Er hatte nicht so gut gespielt, wie er sich das vorgestellt hatte.

Monika also kümmerte sich um ihn, munterte ihn auf, wie das die Pflicht einer Stewardeß für Prominente ist. Als die Mannschaft weiterflog, faßte sich Berti ein Herz: „Geben Sie mir Ihre Telefonnummer? Ich möcht' Sie mal anrufen." Sie gab ihm die Nummer, Berti rief an, und bald darauf war er der Ansicht, er habe seine Traumfrau gefunden.

Berti baute ein neues Haus in der Nähe von Mönchengladbach, ein Haus für Monika und sich, aber er baute es nicht in Büttgen. Und auch das zeigte, daß Berti endlich reif geworden war.

Er hatte in seinem Heimatdorf, in Büttgen, bauen wollen. Aber für Büttgens berühmtesten lebenden Sohn gab es kein passendes Grundstück, sagte man auf dem Gemeindeamt, vor allem gab es keins, das man hätte unter Brüdern preiswert nennen können. Woanders, in der Gemeinde Kleinenbroich, hatten sie natürlich ein Grundstück für Berti und wieder faßte er sich ein Herz, er ging, er verließ sein Dorf.

Immer häufiger faßte sich Berti ein Herz. Er hat die Schüchternheit nicht verloren, er hat sie zurückgedrängt, er ist mit dem Verstand gegen sie vorgegangen, er kennt jetzt die Momente, in denen Schüchternheit angebracht ist und in denen sie reine Dummheit ist.

Und er hat eine sehr wichtige Erfahrung gemacht, eine Erfahrung, die ihm der Fußball gegeben hat, die aber für alle Bereiche des Lebens Gültigkeit besitzt. Er hat erlebt, daß die Künstler, die sogenannten Genialen wie Günter Netzer und Franz Beckenbauer, zwar einmalig und bewundernswert sind, daß sie aber nichts und hilflos sind ohne die Schaffer, ohne die Arbeiter, ohne Männer wie Vogts, die den Dreck fegen.

Und auch diese Erkenntnis war es, die ihm Selbstbewußtsein schenkte, die den Knaben Berti zum Mann machte.

Wie gesagt, er faßte sich immer häufiger ein Herz, aber er fing auch an, über manche Dinge anders zu denken als früher und etliche seiner Ideale (von denen er·stets eine ganze Menge hatte) ließ er fahren, ersetzte sie durch realistische Betrachtungsweisen.

Er schwor nicht mehr auf die hohen Werte der Kameradschaft, einer für alle, alle für einen und so. „Wir sind elf Geschäftsleute, wir wollen Geld verdienen", sagte er in einem Zeitungsinterview, ,,mir ist es so gegangen, daß ich mit zwei, drei Spielern enger befreundet war. Doch die haben das im Spiel ausgenützt, ließen sich nichts mehr sagen."

Und er lernte es, auf dem Klavier ,,Öffentlichkeit" zu spielen. Er übte Kritik an Kollegen, am Trainer Lattek, an der Führung des Clubs, wohl wissend, daß diese Kritik in der Zeitung gedruckt würde. Er hatte die Vorstellung fahren lassen, daß immer alles hinter verschlossenen Türen bereinigt werden müsse.

Öffentlichkeit war ihm kein Greuel mehr.

Und es gab Sonntage, da war er in Büttgen in die Kirche gegangen und hatte Blue jeans getragen. Die Leute hatten sich mokiert. ,,Gehe ich in die Kirche, um meinen Sonntagsanzug vorzuzeigen?" fragte Vogts.

,,Man muß seinen Standpunkt deutlich machen." Auch ein Ausspruch von Berti aus der Zeit, wo er sich immer mehr auf sich selber besann.

Er versteckte seine politische Position nicht mehr. ,,Ich habe die Einsicht gewonnen, daß man auch als Nationalspieler offen seinen Standort bekennen muß", sagte er. Und er sagt, daß er ,,sehr weit rechts" stehe, daß er ,,immer wieder froh sei, nach Deutschland zu kommen", daß es ihn ,,immer noch kribbele auf dem Rücken, wenn die Nationalhymne gespielt werde". Er treibt Werbung für die CDU in Wahlkampfzeiten.

Er scheut sich nicht mehr, über Geld zu reden, über Werbung, über all das Geschäftliche, Finanzielle in seinem Job. Geld erscheint ihm nicht mehr anrüchig in Verbindung mit Fußball. ,,Im Training oder im Spiel denkt keiner an Geld", sagt er, ,,aber nachher schon, wenn wir womöglich eine Menge Geld verschenkt oder verloren haben."

Berti geniert sich nicht mehr, mit seinem Geld und

seiner Popularität zu arbeiten. „Man spielt nur zehn oder zwölf Jahre Fußball, und dann wird man daran gemessen, was man nebenbei verdient hat. Dann heißt es: Der war so blöd und hat nur Fußball gespielt."

Gut, Berti läßt zwar auch noch, als er schon 31 ist, 100 000 Mark für Autogrammstunden fahren, weil ihm Fußball, seine Leistung auf dem Rasen, wichtiger als alles andere erscheinen. Aber er betreibt auch die Vermarktung seines Namens.

Mit dem Copress-Verlag schließt er einen Vertrag über ein Weltmeisterschafts-Buch. Berti als Kommentator der Spiele in Argentinien, dazu das Autogramm in jedem Buch.

Die Schokoladenfabrik Sprengel hat Berti Vogts als Zugpferd in eine riesige Werbeaktion eingebaut. Fernseh-Spots, Zeitungsanzeigen. 90 Prozent aller Bundesbürger, so errechneten die Spezialisten, werden Berti als Schokoladenmann sehen.

Berti macht des weiteren Reklame für Puma-Schuhe, für Derbystar-Fußbälle, für Küchenmöbel, für Aluminium-Fensterrahmen. Er betreibt eine Firma für Spielautomaten, er hat ein Haus für sechzehn Familien und eins für zwei Familien in Büttgen und er sagt: „Eigentlich müßte ich nicht mehr arbeiten."

Aber das ist sehr theoretisch. Natürlich will er arbeiten. Ein Mann wie Berti muß arbeiten.

Entweder wird er 1979, wenn er seine Laufbahn beendet, Trainer beim Fußball-Bund oder bei Mönchengladbach. Denn Berti ohne Fußball-Arbeit, das wäre undenkbar, das würde die Menschen enttäuschen, das würde nicht passen zu dem Bild, das sie sich von Berti gemacht haben und das, obwohl sich Berti verändert hat, unangetastet geblieben ist, das Bild vom mutigen, bescheidenen Helden, der opferbereit und ehrlich ist, selbstlos und fleißig, voll des guten Willens ist und ein Kämpferherz hat, der nicht genial ist, aber gut, unendlich gut.

Deshalb durften sich die Firmen, die vor der Weltmeisterschaft 1978 ihr Geld in Werbung mit Berti steckten, diese Firmen durften sich glücklich schätzen. Die Zeitläufte waren günstig für Männer wie Berti, seine inneren und äußeren Werte waren an die Stelle jener von Beckenbauer gerückt. Männer wie Berti waren „in".

Als die Fußball-Zeitung „Kicker" kurz vor der Weltmeisterschaft den Abwehrspieler Nummer eins suchte, bekam Rainer Bonhof 50 Stimmen, Manfred Kaltz 407, Bernhard Dietz 640, Rolf Rüßmann 833, Berti aber 1795. Das Resultat ließ den Trend eindeutig erkennen: ichbezogene Super-Stars waren nicht mehr gefragt. Rainer Bonhof hatte eine Zeitlang versucht, diese Rolle zu spielen. Beim Publikum kam er damit nicht an. Beliebter waren Burschen wie Kaltz, Dietz, Rüßmann. Brave, angepaßte, fügsame Männer.

Und ihr Vorbild war Berti Vogts.

Die Mannschaft, die Berti nach Argentinien zur Weltmeisterschaft führte, entsprach also im Grunde den allgemein gültigen Vorstellungen. Das Publikum, der Fan, waren zufrieden mit ihr.

Berti schwärmte von dieser Mannschaft.

„Das Klima in der Mannschaft, wo sich keiner mehr als Star fühlt, und die mannschaftliche Homogenität sind besser als 1974", sagte Berti, „ich habe noch nie ein solches Klima in der Nationalmannschaft erlebt wie zur Zeit."

Das war ziemlich genau fünf Monate vor dem ersten Spiel in Argentinien.

„Jeder Spieler wird vom anderen voll akzeptiert", so erläuterte Berti dieses sagenhafte Klima, „das war früher nicht der Fall. Wenn zum Beispiel junge Spieler hinzukamen, waren die ungeheuer gehemmt, weil sie mit Franz Beckenbauer und Gerd Müller in einer Mannschaft spielen sollten. Bei mir ist das anders. Ich fühle mich nicht als Star und werde auch nicht als Star hingestellt. Ich bin nur ein Mitspieler in dieser Mannschaft."

In der Tat, eine heile, ideale Welt. Günstiger, erbaulicher, vielversprechender konnte das Betriebsklima nicht sein in der Nationalmannschaft. Berti voran, so würden sie in Argentinien durchs Feuer gehen... das war mit Fug und Recht zu vermuten.

Weshalb es trotzdem zu dem Desaster kommen konnte, wo doch das psychische Gleichgewicht so famos stimmte, ist so leicht nicht zu erklären. Und weshalb Berti Vogts mittendrin stecken mußte in dem Strudel, der die deutsche Mannschaft in die Hölle hinabsaugte, mußte allen, die Bertis schwärmerische Sprüche im Ohr hatten, als Rätsel erscheinen.

Wie konnte die Karriere des Berti Vogts ein derart bitteres Ende nehmen?

Mit seiner spielerischen Leistung hatte das nichts zu tun, nicht im geringsten. Im Gegenteil. Berti Vogts gehörte in Argentinien auf seine alten Tage noch zu den besten Abwehrspielern des Turniers. Mehrfach erschien Vogts in der „Mannschaft des Tages", die von verschiedenen argentinischen Zeitungen nach den jeweiligen Spieltagen aufgestellt wurde.

Und daß er im entscheidenden Spiel gegen Österreich ein Selbsttor zur allgemeinen Katastrophe beisteuerte, gehörte nicht mehr zu den auslösenden Ereignissen, sondern war nur noch der symptomatische Schlußpunkt einer traurigen Geschichte.

Traurig für alle, nicht nur für Berti und seine Freunde. Traurig, weil Berti eigentlich nur das Opfer war. Das Opfer falscher Einschätzung seiner inneren Stärke, seines Selbstvertrauens.

Aber wer wäre diesem Fehler nicht unterlegen? Berti erschien als die ideale Leitfigur. Daß er überfordert war, als ihm der Wind aus allen Ecken ins Gesicht blies, gehörte zu den folgenschwersten Defekten in der deutschen Mannschaft.

Eine der Ursachen dafür war Bertis politisches Engagement. Dadurch geriet er, als Kapitän der deutschen Nationalelf, in die Schußlinie, die vor der Weltmeisterschaft in einem politisch derart umstrittenen Land wie Argentinien ohnehin für einen Fußball-Profi über alle Maßen gefährlich sein mußte.

Vor der Fernsehkamera gefragt, was er von der Verwirklichung der Menschenrechte in Argentinien halte, antwortete Vogts: „Würden Sie mich das auch fragen, wenn die WM in Rußland stattfinden würde?"

Vor dem Hintergrund seiner Wahlhilfe für die CDU, seiner Befürwortung der Todesstrafe und seiner deutschnationalen Sprüche wie „fürs Vaterland kämpfen" und seinem Bekenntnis, er empfinde beim Klang der Nationalhymne ehrfürchtige Schauer, erschien eine solche Antwort auf die Frage des Fernsehmannes als ebenso unüberlegte wie eindeutige Stellungnahme für die Militärdiktatur in Argentinien.

Berti hatte einen unverzeihlichen Fehler gemacht, er hatte zu einer Sache Stellung bezogen, über die er einseitig und unzureichend informiert war. Die Folgen waren verheerend: Berti Vogts galt nicht mehr als der Fußballspieler, der eine politische Meinung besitzt und auch dazu steht, Berti Vogts war plötzlich eine politische Figur geworden, und das ist so ungefähr das Schlimmste, was einem Profi-Sportler widerfahren kann.

Berti Vogts, Kapitän der deutschen Nationalelf, wurde auseinandergenommen, bis auf die Knochen untersucht.

Der „Stern" zum Beispiel, größte deutschsprachige Illustrierte, schilderte Berti Vogts als deutsch-nationalen, reaktionären, obrigkeitshörigen, leisetreterischen, einfältigen Zeitgenossen. Untertänig vor allem.

„So ist der Berti. Immer sachte. Bloß nichts sagen, wenn die Sache noch kein Funktionär vom Deutschen Fußball-Bund vorgedacht und vorformuliert hat." Das war der Trend der „Stern"-Story über den Kapitän der Nationalelf.

Wie sehr Berti darunter litt, ist kaum zu ermessen, wo er doch schon nach einem schlechten Bundesligaspiel nächtelang nicht schlafen konnte.

Nun hing Berti im Wind, und das war völlig ungewohnt für ihn. Früher redete er mit, jetzt war er Vorredner. Und dabei mußte er auf zu viel achten. Auf seine Kollegen in der Mannschaft, auf die Herren vom Fußball-Bund, auf sein eigenes Image, seine eigenen Interessen.

Wie wollte er sich da noch durchfinden? Und wie wollte er da noch seine wichtigste Aufgabe erfüllen, nämlich Stütze und Leitfigur für die ganze Nationalelf zu sein?

Die letzten Tage, die letzten Stunden seiner Karriere waren auch die bittersten für Berti. Er mußte arge Demütigungen erleben. Schon vor dem Abflug nach Argentinien. Der Journalist Kurt Röttgen schildert in seiner Zeitung „Die Welt" eine solche Szene, die sich während des Trainingslagers der Nationalelf in Malente zutrug:

„Während eines Trainingsspielchens versuchten der Kölner Cullmann und der Münchener Rummenigge, den Ball mit dem Kopf zu erreichen. Doch Rummenigge zog seinen Kopf mehr ein, als er ihn hochreckte. Augenzeuge Vogts, lasche Arbeitsmoral zum Nachteil der Nation witternd, donnerte sogleich über den Platz: „Du Feigling, kämpfe gefälligst." Da drehte sich Rummenigge für einen Moment um und konterte trocken: „Wer von uns beiden ein Feigling ist, das kannste ja im Stern lesen."

Nichts mehr war übrig von dem guten Klima, das Berti ein paar Monate zuvor noch so sehr gelobt hatte. Es war zerbrochen im harten Konkurrenzkampf der Spieler, und

Berti Vogts, gebeutelt und gequält von seinen eigenen Problemen, war nicht mehr stark genug, den eisernen Besen ebenso entschlossen zu schwingen wie Franz Bekkenbauer vier Jahre zuvor bei der Weltmeisterschaft in Deutschland.

Damals hatte Franz das schlingernde Schiff wieder auf Kurs gebracht. Jetzt, in Argentinien, vermochten das weder Berti Vogts noch Helmut Schön. Und deshalb fehlten der Mannschaft nicht nur Einigkeit und das Gefühl der Zusammengehörigkeit, sondern auch Mut, Entschlossenheit, Angriffsgeist.

Diese Mannschaft mußte untergehen.

Und deshalb ist das Ende dieser Geschichte von Berti Vogts unsagbar traurig. Das letzte Spiel der Länderspiel-Karriere, ein Spiel um alles oder nichts. Berti stemmt sich gegen das drohende Unheil, wie er sich all die Jahre gegen das Schicksal gestemmt hat. Noch einmal wendet er all jene Kraft auf, mit der er vom kleinen Waisenjungen Berti zum berühmten Fußballspieler Vogts geworden ist.

Aber es ist, als wende sich diese Kraft nun gegen ihn selbst. Das Schicksal, das er so oft bezwungen hat, grinst ihm böse und zynisch ins Gesicht. Berti verliert dieses letzte Spiel, er schießt den Ball ins eigene Tor.

Sein Schmerz ist unendlich, unbeschreiblich, und die Rechnung am Ende der Karriere, die Bilanz, ist ausgeglichen. Das Glück hat Berti nichts geschenkt, er hat für alles zahlen müssen. In harter Münze.

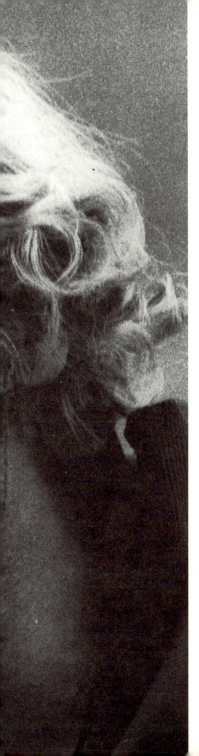

Zur Person

Hans Hubert Vogts, geboren am 30. Dezember 1946 in Büttgen; Größe 1,68 m, Gewicht 67 kg. Erlernte Berufe: Werkzeugmacher und staatlich geprüfter Fußball-Lehrer. Junggeselle, katholisch. Erster Verein: VfR Büttgen. Erstes Bundesligaspiel mit Borussia Mönchengladbach am 14. August 1965 gegen Borussia Neunkirchen; bis Ende September 1971 212 Bundesligaspiele in ununterbrochener Folge. Bis Ende April 1978 insgesamt 413 Bundesligaspiele. Erstes Spiel in der Nationalelf am 3. Mai 1967 in Belgrad gegen Jugoslawien. Von März 1968 bis September 1971 39 Spiele in der Nationalelf in ununterbrochener Reihenfolge, bis Ende Juni 1978 insgesamt 96 Länderspiele; seit April 1977 Spielführer. Fußballspieler des Jahres 1971.

Ein Mann
mit drei Berufen

Dieses Foto hat Seltenheitswert, denn Arbeitsplatz und Arbeitskittel des Berti Vogts sahen später anders aus. Und ziemlich sicher wird es nie mehr den Werkzeugmacher Hans Hubert Vogts geben, der tagaus, tagein an einer Drehbank steht und die Eisenspäne fliegen läßt. Wenn er aufhört, Fußball zu spielen, könnte er privatisieren. Neben dem eigenen Haus in Büttgen besitzt er mittlerweile ein Wohnhaus für sechzehn Familien, jede Mark, die er verdiente, hat er gut angelegt. ,,Mein Geld muß für mich arbeiten", ließ er 1978 in einer Anzeigenserie für Immobilienfonds verlauten. Was auch seiner persönlichen Einstellung entsprach. Denn Berti kann sparen, er sitzt auf den Groschen. Doch eher gäbe es wieder den Werkzeugmacher Vogts als den Privatier Vogts, weil Berti zu jenen Menschen gehört, die ohne Arbeit nicht leben können.

Einer aus der Fohlenelf

Für 28 000 Mark Ablösung an den VfR Büttgen und 20 000 DM Handgeld für Berti Vogts erwarb Borussia Mönchengladbach nach der Saison 1964/65 ihren treuesten Vasallen erfolgreicher Jahre. In der Aufstiegsrunde, die für die Gladbacher Fohlen in die Bundesliga führte, saß der achtzehneinhalbjährige Hans Hubert Vogts noch auf der Bank der Reservisten. Erst mit dem Start der neuen Saison war er für Borussia spielberechtigt. Und am 14. August 1965 gab Berti Vogts sein Bundesliga-Debüt. Hennes Weisweilers Fohlen erzwangen in Neunkirchen ein Unentschieden. In sechs Bundesligajahren war Vogts dann immer dabei. Erst nach 212 Spielen riß die Kette, auch Berti Vogts mußte erfahren, daß nichts ewig währt. Eine Verletzung stoppte die Serie. In dreizehn Bundesligajahren kam er auf weit über 400 Spiele.

„Er hat mich vom Dorf geholt"

Berti Vogts und Hennes Weisweiler, das war eine Love-Story des Fußballs. „Berti, mein Sohn", sagte Weisweiler, und Berti empfand damals: „Er ist wie ein Vater zu mir." Was natürlich nicht ausschloß, daß der Trainer-Vater seinen Spieler-Sohn mitunter andonnerte, wie das allen Vätern eigen ist. Weisweiler nahm in Bertis Leben einen Platz ein, der seit Jahren, seit dem Tod des Vaters, leer und verödet war.
Weisweiler hat ihn erzogen, er hat aus Berti Vogts einen Fußball-Athleten gemacht, der zu den Besten der Welt gehört. Berti hat beim Trainer Weisweiler sozusagen die Meisterprüfung abgelegt und beim Professor Weisweiler an der Kölner Sporthochschule das Fußball-Lehrer-Diplom erworben.
Als Weisweiler ging und Udo Lattek (unten) kam, da war Mönchengladbach bereits eine erfolgreiche Mannschaft, Berti ein reifer Mann, und nüchterne Überlegungen hatten der Sentimentalität Platz gemacht. Das Verhältnis zum neuen Trainer war sachlicher, von Interessen und nicht von Gefühlen bestimmt. Erfolg blieb dennoch nicht aus.

Stürmer Vogts

Berti Vogts in Gerd-Müller-Pose. Auf den ersten Blick verblüfft dieses Bild (links: Verteidiger Vogts vor dem verzweifelten albanischen Torhüter). Aber Berti hat in seiner frühesten Jugend nur Stürmer gespielt, und wurde erst von Verbandstrainer Murach umgeschult. Was einst für den Italiener Facchetti erdacht und auch von Schnellinger perfekt praktiziert wurde, der stürmende Verteidiger, das beherrschte auch Berti Vogts – als Verteidiger mit Stürmerblut. In einer Bundesliga-Saison macht er einmal 21 Tore (ganz unten: 3:0 durch Vogts beim 6:1 über Oberhausen), und in vielen Spielen hat er die Stürmer, die er eigentlich bewachen sollte, zu seinen Bewachern degradiert ...

... in der Nationalelf dauerte es freilich bis zu seinem 69. Länderspiel (am 28. Februar 1976 in Dortmund gegen Malta), ehe er sich seinen Wunschtraum „Tor für Deutschland" verwirklichen konnte. Es war ein Kopfball-Treffer (oben) zum 7:0 für Deutschland.

Haare wuchsen und Erfahrung

Zwischen dem Bild oben und dem Bild rechts liegt ziemlich genau ein Jahr. Für die Borussen waren das freilich mehr als nur 365 Tage oder zwölf Monate, was am besten Günter Netzers Haartracht und der Oberlippenschmuck von Horst Köppel beweisen. Innerhalb eines Jahres war die Mannschaft reif geworden wie ein guter Wein in zehn Jahren nicht.
Zuerst hatten sich „die Fohlen" nach oben gestrampelt, und im nächsten Jahr hatten hochtrainierte Rennpferde den Sieg mit Geschick, Glück und viel Nervenkraft nach Hause geschaukelt. Ihre jugendliche Fröhlichkeit und vor allem ihren kindlichen Aberglauben hatten sich die Männer um Vogts und Netzer jedoch erhalten.

Titelsegen

Zwischen dem Bild oben und dem Bild links liegen ziemlich genau fünf Jahre. Im Frühjahr 1976 sind die Borussen zum vierten Male Meister geworden, und wieviel hat sich seit 1971 geändert. Günter Netzer ist nach Madrid gezogen, und Hennes Weisweiler hat sich in Barcelona ein paar Monate lang über Johan Cruyff geärgert. Berti Vogts war schokkiert, als Weisweiler nach dem dritten Titelgewinn (1975) der Verlockung spanischer Peseten erlag. „Jetzt erst recht", hieß seine Losung, als der neue Trainer kam. Die Borussen erklommen 1976 den Thron und auch wieder 1977 – der Rekord der Bayern aus den drei vorangegangenen Jahren war eingestellt. Der größte Triumph eines deutschen Meisterclubs war identisch mit der Karriere eines Mannes: Berti Vogts.

Zweikämpfe mit Berti Vogts sind in der Branche ebenso beliebt wie gefürchtet. Wer gegen Vogts spielt und gut dabei aussieht, darf hohen Lobes gewiß sein. Sämtliche Torjäger der Bundesliga und die meisten Top-Stars der Fußball-Welt hat Vogts belehrt, auf welch bittere Weise sie ihr Brot mitunter verdienen müssen. Hier ist es an drei Beispielen dargestellt. Oben: Gerd Müller im Kampf mit Vogts. Ganz rechts: UdSSR-Superstar Oleg Blochin wird im Frankfurter Länderspiel im März 1978 in die Zange genommen. Und rechts ist der Frankfurter Hölzenbein das „Opfer" – dessen Hang zur Theatralik freilich bekannt ist.

Das Naturereignis

„Berti Vogts, das ist wie ein Naturereignis", sagte einmal Gerd Müller über seinen Widersacher. Berti kommt wie ein Hurrikan dahergeflogen, oder er rollt wie eine Lawine über den Rasen. Er schlägt ein wie der Blitz und scheint allgegenwärtig zu sein wie die Mücken an einem schwülen Sommerabend.

Wer freilich glaubt, Vogts sei nur ein wilder Zerstörer, der dem Gegner böse knurrend in die Waden fährt und die Kette klirren läßt, an die er seinen Widersacher gelegt hat, der

kennt den Stil des Berti Vogts nicht gut genug. Denn als einer der ersten praktizierte Vogts jene neuen Methoden, die dem Abwehrspieler nicht nur zerstörerische, sondern auch produktive Arbeit abverlangen. Und gerade das macht Berti Vogts für alle Stürmer zu einem unangenehmen Zeitgenossen.

Kapitän der Borussen

Ganz zu Anfang brachte er den Mund nicht auf. Doch bald wurden seine Schreie unüberhörbar. Ein Ruck ging durch die Borussen, und den Schrei im Nacken spürte auch die Nationalelf. Er war nicht nur Vorbild, er war auch die Peitsche. Mit wachsender Autorität wurde Berti Vogts schon neben dem Genius des Günter Netzer ein gewichtiger Machtfaktor im Gefüge der Gladbacher.
Als Kapitän nach Netzers Weggang hatte er erst recht den Mut und das Recht, zu schreien, Befehle auszugeben und Marschrichtungen zu bestimmen. Schnell und ganz selbstverständlich wuchs er in die Rolle als Verantwortlicher für die Mannschaft – auf dem Spielfeld und auch als Mittler zwischen ihr und dem Vorstand. In dem delikaten Verhältnis, in dem sich die Erfolgsmannschaft mit einem viel zu kleinen Stadion befand, war Berti Vogts der behutsame Vermittler ebenso wie der energische Vertreter berechtigter Interessen. 1975, als die Borussen zum drittenmal Meister wurden, da nahm er zum erstenmal als Kapitän die Meisterschale in die Hand.

Das erste richtige Länderspiel

Dritter Mai 1967 in Belgrad: An der Seite von Kapitän Willi Schulz und Franz Beckenbauer betritt Berti Vogts (oben) das Stadion von Belgrad. Weil Wolfgang Weber nicht spielen konnte, bekam er seine Chance. Sein Gegner war Josip Skoblar (rechts), und als Vogts einmal nicht Schritt halten konnte, war es auch schon geschehen. Skoblar erzielte den einzigen Treffer der Begegnung. Berti mußte bis November warten, ehe er seine zweite Chance bekam. Wieder verlor die deutsche Nationalelf 0:1, diesmal in Bukarest gegen Rumänien. Am 6. März 1968 schließlich beim 3:1-Sieg in Brüssel über die Belgier sicherte sich Vogts seinen Stammplatz. Die Nationalelf war danach auf zehn Jahre ohne ihn nicht denkbar.

Zum ersten Male England besiegt

Dieses Bild (links) gibt zu größter Besorgnis Anlaß: Der Engländer Thompson hat den Kölner Wolfgang Weber umspielt, und nun hat er auch noch Berti Vogts in eine Falle gelockt. Thompson treibt den Ball ungehindert aufs deutsche Tor zu. Passiert ist freilich nichts. Deutschlands Nationalelf schlägt an diesem 1. Juni 1968 die Engländer in Hannover durch ein Tor von Beckenbauer 1:0. Weber, Beckenbauer, Vogts und Fichtel (oben) umarmen sich. Zum ersten Male, seitdem auf dieser Erde Fußball gespielt wird, ist es einer deutschen Elf gelungen, die Engländer zu besiegen. Und Berti Vogts hat teil an diesem Triumph, dem ganze Generationen deutscher Fußballspieler erfolglos nachgelaufen sind.

Schmerz und Mitleid

Zwei Fotos aus einem Spiel, das beiden Mannschaften, Engländern wie Deutschen, unendlich viel bedeutete: Wer verliert, darf sich verabschieden aus Mexico, darf nach Hause reisen. Die Deutschen wollen Revanche für die 2:4-Niederlage, die sie vier Jahre zuvor im Finale von Wembley erlitten. Deshalb gibt es keine Rücksicht, kein Pardon. Selbst einem harten Knochen wie Berti Vogts bringen die

Briten das Fürchten bei (rechts). 3:2 gewinnen die Deutschen nach Verlängerung, alle Schmerzen, alle Qualen sind vergessen. Da fällt es leicht, den armen Gegner zu trösten, Mitleid zu spenden. Berti Vogts tätschelt Allan Ball die Wange (oben), und gewiß ist sein Bedauern aufrichtig. Aber die reine Nächstenliebe ist es auch nicht. Denn um nichts in der Welt möchte er sich in die Lage seines Gegenübers versetzen. Die Sieger trösten ihre Gegner, aber mit ihnen teilen wollen sie nicht.

Vertrauensverhältnis

„Auf den Herrn Schön lasse ich nichts kommen", sagte Berti Vogts, als einer dem Bundestrainer am Zeuge flicken wollte. Und der von berufener Seite derart entschieden in Schutz Genommene revanchierte sich bei anderer Gelegenheit und wiederholte das oft genug: „Zwischen Berti und mir besteht ein tiefes Vertrauensverhältnis." Weder die Zuneigung des einen noch die Hochachtung des anderen erscheinen verwunderlich. Obwohl die Nationalmannschaft und ihr Bundestrainer zu allen Zeiten ihre Probleme, ihren kleineren und größeren Kummer hatten, an Berti Vogts zog jegliche Unbill vorbei. Vom ersten Tage an war Berti Vogts ein Mann, den der Trainer nur loben konnte. Denn Bertis oberster Anspruch war immer nur, das Beste für die Mannschaft zu geben. So war es denn nicht nur wegen der Zahl der geleisteten Länderspiele selbstverständlich, daß Berti Kapitän wurde, als Franz Beckenbauer sich nach Amerika absetzte. „Einen besseren Kapitän als Berti Vogts können wir uns nicht wünschen", sagte Schön vor der Weltmeisterschaft in Argentinien. Und begegnete damit auch den Zweifeln, ob Vogts für das WM-Turnier noch stark genug sei.

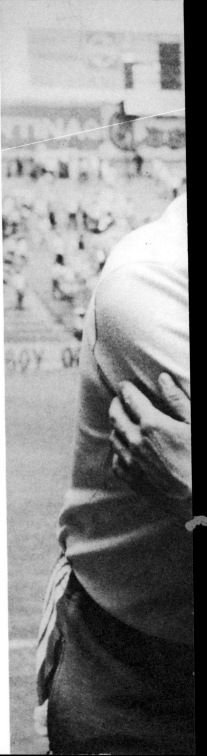

Weltmeister

Über keines der ungezählten dramatischen Duelle, das Berti Vogts den besten Stürmern der Welt geliefert hat, ist soviel geschrieben worden, wie über die Begegnung mit Johan Cruyff 1974 im Olympiastadion von München. Es ging um die Fußball-Weltmeisterschaft. „Nur Berti Vogts hat das Zeug dazu, dem besten Stürmer der Welt das Finale zu verderben", hatte Franz Beckenbauer erklärt. „Gegen Cruyff kann der beste Mann schlecht aussehen", fügte sich Vogts in die Aufgabe. Er verlor den ersten Zweikampf mit Cruyff, was zu einem Foul durch Hoeneß und zu einem Elfmetertor der Holländer schon in der ersten Minute führte. Danach siegte vorwiegend Vogts gegen Cruyff. und daß Holland das Finale um den Titel verlor, ist schließlich vor allem der Tatsache zuzuschreiben, daß Spielmacher Cruyff nicht wie gewohnt sein Spiel machen konnte – dank Berti Vogts. „Du hast Glück gehabt, daß der Cruyff heute nicht gespielt hat", versuchte der Bundestrainer die Leistung des kleinen Deutschen zu würdigen.

Kapitän der Nationalelf

Am 19. April 1977 fiel im deutschen Fußball eine für das Fußballer-Leben des Berti Vogts gewichtige Entscheidung. Helmut Schön entschloß sich angesichts des Wirbels um Amouren und US-Pläne, Franz Beckenbauer nicht in das Aufgebot für die bevorstehenden Länderspiele gegen Wales und Jugoslawien zu berufen. Am 27. April führt Berti Vogts die deutsche Nationalmannschaft gegen Wales, am 30. April tauscht er als Spielführer mit dem Jugoslawen Oblak in Belgrad die Wimpel (links), und bald danach ist einfach selbstverständlich, daß Berti ,,unser Kapitän ist", wie ihn sich Helmut Schön ,,einfach nicht besser vorstellen kann", und wie er von allen Spielern respektiert und geachtet wird. Hatte er sich zu Anfang noch gescheut und wohl gehofft, Bekkenbauer werde zurückkehren in die Nationalmannschaft, so fügte er sich bald in die Verantwortung und löste auch die delikaten Probleme um die Nationalelf mit Energie und Fingerspitzengefühl.

Spuk in der Nacht

Es war nicht Fußball, es war „Russisches Roulette", was die Mönchengladbacher im Stadion von Everton zu spielen hatten. Und am Ende zählten sie zu den prominenten Opfern, die der Europa-Cup in jedem Jahr aufs neue hinter sich läßt. 1:1 nach neunzig Minuten, neunzig Minuten lang stürmende, rennende, schießende Engländer. Neunzig Minuten lang Abwehrkampf. Berti Vogts und Torwart Kleff, die Super-Männer. Und dann der Spuk, das Elfmeterschießen. Brutal-Behandlung ohnehin zerfetzter Nerven. Viermal trifft Everton, dreimal nur Borussia. Laumen und Müller (rechts unten) verfehlen. Aber in dieser Nacht wurde der Grundstein zu Mönchengladbachs zweiter Meisterschaft gelegt. „Jetzt erst recht", ließ Berti seine Kameraden schwören. Und es war der erste Akt einer Serie von Gladbacher Europa-Cup-Dramen.

Tolle Nacht am Bökelberg

Eine tolle Nacht am Bökelberg endete am 20. Oktober 1971 mit der größten Enttäuschung, die den Gladbachern je widerfahren war. Denn ihr triumphaler 7:1-Erfolg über Inter Mailand wurde am grünen Tisch annulliert, weil der Italiener Boninsegna sich als der perfekteste Schauspieler erwies. Ein Dosenwurf eines Zuschauers (unten wird er von der Polizei abgeführt) vernichtete den grandiosen Erfolg, den Bonhof (links) nach einem Treffer von Le Fevre bejubelt. Für die Gladbacher brach eine Welt zusammen.

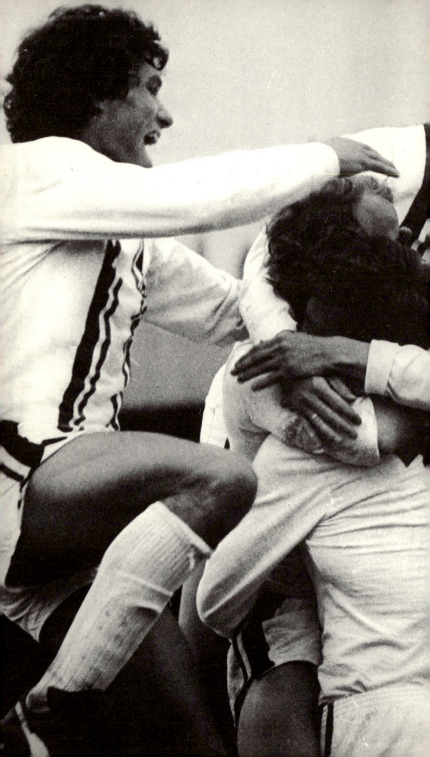

Jubel um einen Cup

Als alles schon verloren schien, besannen sich die Gladbacher auf ihre besten Eigenschaften. Einem torlosen Unentschieden in Düsseldorf folgte im zweiten Endspiel gegen Twente Enschede ein berauschender 5:1-Erfolg. Links: Überschäumende Freude nach dem dritten Treffer; von links: Heynckes, Vogts, Schäffer, Wittkamp und Danner. Unten: Leistungsträger Vogts als Pokalträger nach dem Triumph in Holland. Borussia ist UEFA-Cup-Sieger 1975.

Betrug in Madrid

Es spricht der Kapitän. Aber Schiedsrichter Leonardus van der Kroft weist herrisch den Protest von Berti Vogts zurück. In Gladbachs Europacup-Chronik ist ein neues Kapitel von Zorn, Verzweiflung und Tränen geschrieben.
Kroft verweigert am 17. März 1976 in Madrid ein einwandfrei erzieltes Tor von Henning Jensen. Unentschieden statt Sieg – Real Madrid ist eine Runde weiter. Vergeblich protestiert Gladbach bei der UEFA. Auch neutrale Beobachter sprechen von Betrug.

Das Duell von Rom

Das Duell des Jahres feierten Fußball-Experten die Begegnung zwischen Berti Vogts und Kevin Keegan im Endspiel um den Europacup der Landesmeister am 25. Mai 1977 in Rom. Weil Keegan das Duell gewonnen habe, sei Liverpool Sieger geblieben, hieß eine häufige Beurteilung dessen, was zwischen Keegan und Vogts geschah. Tatsächlich verloren die Borussen, weil Keegan eine energisch kämpfende Mannschaft um sich wußte; Vogts aber mit seinem Fleiß und seinem Einsatz ziemlich allein stand. Bundestrainer Helmut Schön urteilte salomonisch: ,,Beide waren Weltklasse. Keiner hat das Duell gewonnen."

Privatleben – nicht für die Öffentlichkeit

Auch Berti Vogts hat gelernt, Popularität zu nutzen und Marktchancen zu ergreifen. Vor der Weltmeisterschaft in Argentinien ließ auch er seinen Namen vermarkten, wie das unvermeidbar und auch keineswegs verwerflich ist. Mit dem Copress-Verlag schloß er einen Vertrag über die Herausgabe eines WM-Buches – aber er kündigte sofort auch an: ,,Schmutzige Wäsche wird darin nicht gewaschen." Und wie er darauf achtet, daß in der Nationalelf nicht mehr nur von Geld gesprochen wird, so ist er auch bemüht, sein Privatleben abzuschirmen vor allzuviel Publizität. Über Berti Vogts gibt es keinen Klatsch. Und selbst der Urlaub ist bei Berti harmlose Routine. Traditionell verbringt er ihn an südlichen Küsten, kein Highlife – aber erholsame Entspannung.

In der Copress-Porträtreihe deutscher und internationaler Fußballstars sind erschienen:

Fast 100 Biographien berühmter Fußballspieler der Vergangenheit und Gegenwart in der Copress-Reihe:

Und als Ergänzung dazu: